上海市工程建设规范

地铁盾构法隧道施工技术标准

Technical standard for metro shield tunneling construction

DG/TJ 08—2041—2021

J 11317—2021

主编单位：上海申通地铁集团有限公司
　　　　　上海隧道工程有限公司

批准部门：上海市住房和城乡建设管理委员会

施行日期：2021 年 7 月 1 日

同济大学出版社

2021　上海

图书在版编目(CIP)数据

地铁盾构法隧道施工技术标准 / 上海申通地铁集团有限公司，上海隧道工程有限公司主编. —上海：同济大学出版社，2021.6

ISBN 978-7-5608-8840-8

Ⅰ. ①地… Ⅱ. ①上… ②上… Ⅲ. ①地铁隧道-隧道施工-盾构法-技术标准-上海 Ⅳ. ①U231-65

中国版本图书馆 CIP 数据核字(2021)第 119173 号

地铁盾构法隧道施工技术标准

上海申通地铁集团有限公司
上海隧道工程有限公司 **主编**

策划编辑 张平官
责任编辑 朱 勇
责任校对 徐春莲
封面设计 陈益平

出版发行 同济大学出版社 www.tongjipress.com.cn
(地址:上海市四平路 1239 号 邮编：200092 电话:021-65985622)
经 销 全国各地新华书店
印 刷 浦江求真印务有限公司
开 本 889mm×1194mm 1/32
印 张 5.25
字 数 141000
版 次 2021 年 6 月第 1 版 2021 年 6 月第 1 次印刷
书 号 ISBN 978-7-5608-8840-8
定 价 50.00 元

上海市住房和城乡建设管理委员会文件

沪建标定〔2021〕10 号

上海市住房和城乡建设管理委员会
关于批准《地铁盾构法隧道施工技术标准》
为上海市工程建设规范的通知

各有关单位：

由上海申通地铁集团有限公司和上海隧道工程有限公司主编的《地铁盾构法隧道施工技术标准》，经我委审核，现批准为上海市工程建设规范，统一编号为 DG/TJ 08—2041—2021，自 2021 年 7 月 1 日起实施。原《地铁隧道工程盾构施工技术标范》DG/TJ 08—2041—2008同时废止。

本规范由上海市住房和城乡建设管理委员会负责管理，上海申通地铁集团有限公司负责解释。

特此通知。

上海市住房和城乡建设管理委员会

二〇二一年一月七日

前　言

根据上海市住房和城乡建设管理委员会《关于印发〈2019年上海市工程建设规范、建筑标准设计编制计划〉的通知》（沪建标定〔2018〕753号）的要求，由上海申通地铁集团有限公司和上海隧道工程有限公司会同有关单位对《地铁隧道工程盾构施工技术规范》DG/TJ 08—2041—2008进行修编。标准编制组经广泛的调查研究，认真总结实践经验，并参照国内外相关标准和规范，在反复征求意见的基础上，形成本标准。

本标准主要内容有：总则；术语；基本规定；盾构施工准备；盾构施工测量；盾构始发接收段地基处理；管片制作；盾构机进退场及组装验收；盾构始发和接收；盾构掘进施工；特殊地段施工；管片拼装；壁后注浆；隧道防水和缺陷处理；盾构施工监测；施工管理；盾构机维修保养；成型隧道验收。

本次修订的主要内容有：

1. 扩充完善"盾构始发接收段地基处理""盾构掘进施工""特殊地段施工""管片拼装""壁后注浆""隧道防水和缺陷处理"章节。

2. 新增"基本规定""盾构始发和接收""盾构机维修保养""成型隧道验收"章节。

3. 取消"盾构始发和隧道施工运输"章节，内容在"盾构始发和接收"以及相应施工章节表述。

4. 调整更新"盾构施工准备""盾构施工测量""盾构进退场及组装验收""盾构施工监测""施工管理"章节。

各单位及相关人员在执行本标准过程中，如有意见和建议，请反馈至上海市交通委员会（地址：上海市世博村路300号1号楼；

邮编:200125;E-mail:shjtbiaozhun@126.com),上海申通地铁集团有限公司(地址:上海市徐汇区桂林路 909 号 1 号楼;邮编:201103; E-mail:wd_mtr@163.com),或上海市建筑建材业市场管理总站(地址:上海市小木桥路 683 号;邮编:200032;E-mail:shgcbz@163.com),以供今后修订时参考。

主 编 单 位: 上海申通地铁集团有限公司
上海隧道工程有限公司

参 编 单 位: 上海地铁盾构设备工程有限公司
上海市基础工程集团有限公司
上海市机械施工集团有限公司
上海城建市政工程(集团)有限公司
中铁二局集团有限公司
宏润建设集团股份有限公司
上海市隧道工程轨道交通设计研究院
上海申通轨道交通研究咨询有限公司
同济大学
上海同济工程项目管理咨询有限公司

主要起草人员: 毕湘利 王秀志 刘洪波 吴 迪 施耀锋
张 恒 韩伟勇 陈培新 石 宇 王卫东
陆 正 郭杰夫 邓 洪 陈立生 许文明
陈传林 季 昌 李 炯 朱小龙 龚金弟
林佳晨 郑 刚 曹伟飚 李江莉 曾英俊
何巨川 赵国强 李 民 管攀峰 沈张勇
傅富强 李青山 张 顺 高 亮 狄宏规
卞国强 黄小平 张小会

主要审查人员: 徐正良 白 云 宋振华 魏建华 陈昌跃
吴占东 孙九春

上海市建筑建材业市场管理总站

目　次

Contents

1 总 则

1.0.1 为规范本市地铁盾构法隧道施工管理，保障工程质量和环境安全，满足安全可靠、经济合理、节能环保、技术先进的要求，制定本标准。

1.0.2 本标准适用于本市地铁工程采用单圆土压平衡盾构机掘进、预制管片拼装的中等断面及以下隧道施工与验收。

1.0.3 地铁盾构法隧道施工与验收除应符合本标准外，尚应符合国家、行业和本市现行有关标准的规定。

2 术 语

2.0.1 土压平衡盾构机 earth pressure balance shield machine，EPB

以渣土为主要介质平衡隧道开挖面地层压力、通过螺旋输送机出渣的盾构机。本标准中简称“盾构”或“盾构机”。

2.0.2 盾构法 shield tunnelling method

用盾构机修筑隧道的暗挖施工方法。

2.0.3 工作井 working shaft

盾构机组装、解体、调头、空推、吊运管片和输送渣土等使用的竖井，包括盾构始发工作井、盾构接收工作井和中间工作井等。

2.0.4 盾构始发 shield launching

盾构开始掘进至盾尾脱离始发工作井的施工过程。

2.0.5 盾构接收 shield arrival

盾构机刀盘靠上围护结构至盾构机进入接收工作井的施工过程。

2.0.6 盾构基座 shield cradle

用于保持盾构始发、接收等姿态的支撑装置。

2.0.7 反力架 reaction frame

为盾构始发掘进提供反力的支撑装置。

2.0.8 管片 segment

隧道预制衬砌环的基本单元，管片的类型有钢筋混凝土管片、纤维混凝土管片、钢管片、铸铁管片、复合管片等。

2.0.9 负环管片 temporary segment

为盾构始发掘进传递推力的临时管片。

2.0.10 开模 mould loosening

打开钢筋混凝土管片模具上部或侧部模板的过程。

2.0.11 出模 demoulding

钢筋混凝土管片脱离模具的过程。

2.0.12 防水密封条 sealing gasket

镶嵌于管片接缝处的条状防水材料。

2.0.13 遇水膨胀挡水条 water swelling gasket

粘合于管片接缝外侧的长条状密封垫，具有遇水膨胀性能，可用于阻挡外部泥沙和辅助止水。

2.0.14 壁后注浆 back-fill grouting

用浆液填充隧道衬砌环与地层之间空隙的施工工艺，包括盾尾同步注浆和二次注浆。

2.0.15 盾构调头 shield u-turn

双线区间隧道盾构施工完成一侧隧道后调转方向准备推进另一侧隧道的过程。

2.0.16 盾构过站 shield station-crossing

利用专用设备将盾构机拖拉或顶推通过车站（或工作井）的过程。

2.0.17 盾构空推 shield empty-push

盾构机不需要土体开挖的推进过程。

2.0.18 盾构姿态 shield position and stance

盾构机的空间状态，通常采用水平偏差、高程偏差、盾尾间隙、俯仰角、方位角、滚转角和切口里程等参数描述。

2.0.19 盾构施工参数 shield tunnelling parameters

盾构法施工的控制参数，主要包括土仓压力、刀盘转速与扭矩、总推力、推进速度、螺旋输送机转速及扭矩、油缸行程、同步注浆压力及流量、盾尾油脂压力及流量等。

2.0.20 地层损失率 formation loss rate

隧道开挖过程中单位长度实际开挖土体的体积和结构理论所占体积之差与结构理论所占体积的比值，用千分比表示。

2.0.21 椭圆度 ovality

圆形隧道管片衬砌拼装成环后隧道最大与最小直径的差值。

2.0.22 收敛变形 convergence deformation

圆形隧道管片衬砌环在外部水土压力等荷载作用下直径的变化量。

2.0.23 通缝拼装 non-staggered joint erection

拼装完成后相邻管片纵缝对齐的管片拼装方式。

2.0.24 错缝拼装 staggered joint erection

拼装完成后相邻管片纵缝错开的管片拼装方式。

2.0.25 错台 step

相邻管片内弧面接缝处的径向偏差。

3 基本规定

3.0.1 盾构隧道施工企业应具备施工管理体系，应建立质量控制和检验制度。

3.0.2 盾构机设备应符合工程地质、水文地质和环境条件，并应满足线路条件、隧道结构设计和环境保护的要求。

3.0.3 盾构始发和接收、盾构正常掘进及特殊区段施工等关键环节应编制专项施工方案和应急预案。专项施工方案和应急预案应根据盾构机特点、工程地质和水文地质条件、周边环境、设计要求及工程实践制定。

3.0.4 盾构施工期间应配备应急抢险救援人员和应急设备物资，并加强对储备物资的管理。

3.0.5 盾构法隧道施工应实施项目信息化管理，配置远程监控和实时通信系统。

3.0.6 施工期间应对邻近的建筑物、地下管线、道路、铁路、轨道交通或其他重要设施等进行监测，并采取必要的安全和环境保护措施。

4 盾构施工准备

4.1 前期调查

4.1.1 应详细了解施工地段的工程地质和水文地质情况，必要时应进行施工勘查。

4.1.2 应根据工程所在地的环境保护要求，进行工程环境调查。

1 对工程影响范围内的道路、地面建（构）筑物（新建、拟建及已建）及文物等进行现场踏勘和调查。

2 对需加固或基础托换的建（构）筑物应进行详细调查，必要时应进行鉴定，并应做好施工预案。

3 对工程影响范围内的地下障碍物、地下构筑物及地下管线等进行调查，必要时应进行现场探查。

4.2 技术准备

4.2.1 施工前，应具备下列资料：

1 工程地质和水文地质勘察报告。

2 施工沿线的建（构）筑物（新建、拟建及已建）、地下管线和障碍物等环境调查报告。

3 施工所需的设计图纸资料和工程技术要求文件。

4 隧道工程施工组织设计和风险应急救援预案。

4.2.2 施工组织设计应满足工程质量、安全、工期和环保要求。

4.2.3 施工前，应熟悉设计图纸，掌握设计意图和要求，并应参加设计、勘察及管线等交底会议。

4.2.4 施工前，应根据工程及盾构的特点，进行技术培训和技术交底。

4.2.5 施工前，应按工程特点、环境条件和调查现状完成测量及监测的准备工作。

4.3 盾构机设备配置

4.3.1 盾构机设备配置应包括壳体结构、刀盘刀具、刀盘主驱动、推进油缸、管片拼装机、螺旋输送机、铰接装置、渣土改良系统、注浆系统和盾尾密封系统等。

4.3.2 盾构机壳体结构应具有足够的强度与刚度，保证其在所承受的正常施工荷载作用下各部件均处于安全可靠状态。

4.3.3 刀盘刀具应符合下列规定：

1 刀盘结构形式应与地质条件相适应，刀盘面板可根据需要采取耐磨措施，刀盘开口率应能满足盾构掘进和出渣要求。

2 刀盘结构的强度和刚度应满足工程要求。

3 刀具的选型和配置应根据地质条件、开挖直径、切削速度、掘进里程、最小曲率半径及地下障碍物情况等确定。

4 添加剂喷口的数量及位置应根据地质条件、刀盘结构、开挖直径等确定。

4.3.4 刀盘主驱动应符合下列规定：

1 刀盘主驱动形式应根据地质和环境要求确定，最大设计扭矩应满足地质条件和脱困要求。

2 刀盘转速应根据地质条件和施工要求确定，转速应可调。

3 刀盘驱动主轴承密封应根据覆土厚度、地下水压、添加剂注入压力、掘进里程等确定。

4.3.5 推进油缸应采取分区控制，每个分区液压缸应具备行程监测功能。总推力应根据推进阻力的总和及所需的安全系数确定。

4.3.6 管片拼装机的自由度及抓持力应满足拼装要求，各动作应准确可靠，操作应安全方便。

4.3.7 螺旋输送机的结构和尺寸应根据工程地质和水文地质条件、盾构直径和掘进速度等确定。后闸门应具有可靠的紧急关闭功能。

4.3.8 铰接装置应满足隧道轴线曲率半径的要求与承压水作用下的密封要求，最大推力应考虑前后壳体姿态变化引起的阻力，每组铰接液压油缸应具备行程监测功能。

4.3.9 渣土改良系统和注浆系统应与地质条件相适应。注浆系统应具备物料注入速度和注入压力调节功能。

4.3.10 盾尾密封系统应安全可靠，满足抵抗盾构外部泥水侵入的要求。

4.3.11 盾构主机和后配套设备结构应满足导向系统的安装和通视要求，盾构掘进管理系统应与导向系统实现数据交互。

4.4 辅助设施准备

4.4.1 盾构施工辅助设施应符合下列规定：

1 根据工程需要和环境保护要求，应配置符合盾尾同步注浆需要的拌浆站。

2 应选择高效的水平及垂直运输设备。

3 供电设备应满足盾构掘进施工要求。

4.4.2 盾构始发和接收工作井内辅助设施应符合下列规定：

1 始发工作井内盾构基座应具备盾构组装、调试和始发条件。

2 接收工作井内盾构基座安装应能安全接收盾构，并应满足盾构检修、解体或整体移位的要求。

3 盾构始发和接收基座宜采用定型产品。

4 工作井内应布置必要的排水或泥浆处理设施。

5 洞门密封装置应满足盾构始发和接收密封要求。

4.5 施工场地准备

4.5.1 进场前应做好测量控制桩的交桩，并根据控制桩及相关资料完成初始姿态的测定复核。

4.5.2 盾构施工场地布置应根据现场条件、施工工艺和周边环境要求，合理规划满足工程施工所需的管片堆放场地、渣土存放场地、拌浆站及材料设备堆放场地等。

4.6 工作井

4.6.1 始发工作井的有效长度应大于盾构主机长度 3 m，且应为盾构后靠体系预留充足的安全距离；始发工作井的有效宽度应大于盾构直径 3 m。

4.6.2 接收工作井的平面内净尺寸应满足盾构接收、解体和整体移位的要求。

4.6.3 始发、接收工作井的底板标高应满足相关装置安装和拆卸所需的最小作业空间要求。

4.6.4 洞门圈及其他预埋件等应在工作井施工时按要求完成预埋安装。

5 盾构施工测量

5.1 一般规定

5.1.1 盾构施工测量应包括地面控制测量、联系测量、地下控制测量、掘进施工测量、贯通测量和竣工测量。

5.1.2 施工前，应根据隧道线形、地面控制网、贯通长度、贯通精度、盾构自动导向系统和人工测量仪器的精度等，制定施工测量方案。

5.1.3 地面控制测量和隧道贯通后地下控制测量应采用附合路线形式或同精度的其他形式布设和施测。

5.1.4 地面施工测量控制点应埋设在施工影响的变形区以外。当施工现场条件限制时，埋设在变形区内的控制点使用前应定期进行检核。

5.2 地面控制测量

5.2.1 平面和高程控制网应与线路工程整体控制网联测，线路整体控制网应符合现行国家标准《城市轨道交通工程测量规范》GB/T 50308 的规定。

5.2.2 平面控制网应分为两个等级，一等控制网宜采用全球导航卫星系统(GNSS)网，二等控制网宜采用导线网。高程控制网可采用水准测量方法一次布网。

5.2.3 控制网应符合下列规定：

1 当一等平面控制网采用 GNSS 布网时，测量技术要求应符合表 5.2.3-1 的规定。

表 5.2.3-1 一等平面控制网(GNSS)测量技术要求

平均边长(km)	固定误差 a(mm)	比例误差 b(mm/km)	相邻点的相对点位中误差(mm)	最弱边的相对中误差
2	≤5	≤2	±10	1/100 000

2 当二等平面控制网采用导线法布网时,测量技术要求应符合表 5.2.3-2 的规定。

表 5.2.3-2 二等平面控制网(导线)测量技术要求

平均边长(m)	导线长度(km)	每边测距中误差(mm)	测距相对中误差	测角中误差(″)	测回数		方位角闭合差(″)	全长相对闭合差	相邻点的相对点位中误差(mm)
					DJ1	DJ2			
350	3	±4	1/60 000	±2.5	4	6	$\pm5\sqrt{n}$	1/35 000	±8 mm

注:n 为导线的角度个数。

3 当高程控制网采用水准法布网时,测量技术要求应符合表 5.2.3-3 的规定。

表 5.2.3-3 高程控制网(水准)测量技术要求

每千米高差中数中误差(mm)		路线长度(km)	水准仪等级	水准尺	观测次数		往返较差、附和或环线闭合差(mm)	
偶然中误差	全中误差				与已知点联测	附合或环线	平地(mm)	山地(mm)
±2	±4	2~4	DS1	铟钢尺或条码尺	往返各1次	往返各1次	$\pm8\sqrt{L}$	$\pm2\sqrt{n}$

注:L 为往返测段、附和或环线的线路长度(单位:km),n 为单程的测站数。

5.2.4 盾构始发和接收工作井间应建立统一的施工控制网,每个井位应布设不少于 3 个控制点。

5.2.5 当水准路线跨越水域时,应进行跨水域水准测量,并应符合现行国家标准《国家一、二等水准测量规范》GB/T 12897 的有关规定。

5.2.6 地面控制网应定期复测,复测频率每年不应少于 1 次;当控制点不稳定时，应增加复测频率或采取其他调整措施。

5.3 联系测量

5.3.1 联系测量应包括地面近井导线测量和近井高程测量、竖井定向测量和导入高程测量，以及地下近井导线和近井高程测量。

5.3.2 地面近井导线和近井高程路线应采用附合路线形式，近井导线测量和近井高程测量技术要求应符合本标准表 5.2.3-2 和表 5.2.3-3 的规定。

5.3.3 每次联系测量应独立进行 3 次，取 3 次平均值作为定向成果。地下近井定向边方位角中误差不应超过±8″，地下近井高程点高程中误差不应超过±5 mm。

5.3.4 隧道贯通前的联系测量应符合下列规定：

1 联系测量次数不应少于 3 次，宜在隧道掘进至 100 m、1/3 贯通长度和距贯通面 150 m 前分别进行 1 次。

2 当贯通长度超过 1 500 m 时，应增加联系测量次数或采用高精度联系测量方法，提高联系测量精度。

3 当地下起始边方位角较差小于 12″时，可取各次测量成果的平均值作为后续测量的起算数据指导隧道掘进与贯通。

5.3.5 竖井定向测量可采用联系三角形法、陀螺仪与垂准仪组合定向法、两井定向法、导线直传法和投点定向法。

5.3.6 导入高程测量可采用悬挂钢尺法、电磁波测距三角高程法、水准测量法和电磁波测距法。

5.3.7 地下应埋设永久近井点。近井导线点不应少于 3 个，点间边长宜大于 50 m。近井高程点不应少于 2 个。

5.4 地下控制测量

5.4.1 地下控制测量应包括地下施工导线测量、施工控制导线测量和地下施工水准测量、施工控制水准测量。

5.4.2 地下控制测量起算点应采用直接从地面通过联系测量传递到井下的平面和高程控制点，地下平面起算点不应少于 3 个，起算方位边不应少于 2 条，高程起算点不应少于 2 个。

5.4.3 控制点应埋设在稳定的隧道结构上，并应埋设强制对中装置。平面控制点应避开强光源、热源、淋水等地方，控制点间视线距隧道壁和洞内设施应大于 0.5 m。

5.4.4 地下控制网可为支导线和支水准路线，当有联络通道时，应形成附合路线或结点网。贯通长度超过 1 500 m 的长隧道宜布设成交叉双导线。

5.4.5 施工导线和施工水准应随盾构掘进布设，当直线隧道掘进长度大于 200 m 或到达曲线段时，应布设施工控制导线和控制水准。

5.4.6 施工控制导线测量应符合下列规定：

1 直线隧道的导线平均边长宜为 150 m，曲线隧道的导线平均边长宜为 60 m，相邻的长短边边长比不应大于 3。

2 应采用不低于 DJ2 级全站仪观测，左右角应各测 2 测回，左右角平均值之和与 360°较差应小于 4″，边长应往返观测各 2 测回，往返平均值较差小于 4 mm。测角中误差为±2.5″，测距中误差不应超过±3mm。

3 导线点横向中误差 m_u 宜满足下式要求：

$$m_u \leqslant m_\Phi \times \left(0.8 \times \frac{d}{D}\right) \tag{5.4.6}$$

式中：m_u ——导线点横向误差(mm)；

m_Φ ——贯通中误差(mm)；

d——导线长度(m)；

D——贯通距离(m)。

5.4.7 施工控制水准的水准点间距宜为 150 m；水准点可利用导线点，也可单独埋设。

5.4.8 延伸地下控制导线和控制水准时，应对现有施工控制点进行检测，并应选择稳定点进行延伸测量。

5.4.9 地下控制导线和控制水准在隧道贯通前应至少测量3次，并应与联系测量同步进行。重合点重复测量坐标分量的较差应分别小于 $30\times d/D$（mm），高程较差应小于5 mm。满足要求时，应取其逐次平均值作为最终成果指导隧道掘进。

5.4.10 隧道单向贯通距离大于1 500 m时，应在隧道每掘进1 000 m处，通过加测陀螺方位角等方法提高控制网精度。

5.5 掘进施工测量

5.5.1 盾构始发工作井施工完成后，应采用联系测量方法，将平面和高程测量数据传入井下控制点。

5.5.2 基座、反力架和洞门圈的安装测量应符合下列规定：

1 应利用隧道内测量控制点采用极坐标法放样隧道中心线和盾构基座的位置、方向，应利用水准测量方法测设隧道高程控制线以及基座坡度，坐标和高程放样中误差为±5 mm。

2 反力架和洞门圈位置应采用三维放样方法放样，反力架安装后和洞门浇筑前应对其经过设计中心的竖直和水平位置进行复测，并应提供相应里程的坐标或与中心的距离，放样和复测中误差应为±10 mm。

5.5.3 盾构机就位后应采用人工测量方法测定盾构的初始姿态，人工测量与盾构导向系统测量较差不应大于 $2\sqrt{2}m$（m 为点位测量中误差）。

5.5.4 当采用人工测量时，应符合下列规定：

1 盾构测量标志点应牢固设置在盾构上，且不应少于3个，标志点可粘贴反射片或安置棱镜。

2 盾构测量标志点的三维坐标应与盾构结构几何坐标建立换算关系。

3 盾构测量标志点测量宜采用极坐标法，并宜采用双极坐标法进行检核，测量中误差为±3 mm。

5.5.5 当采用自动导向系统测量时，应符合下列规定：

1 始发前，应对输入自动导向系统的线路设计参数进行检查，确认无误后方可输入。

2 输入自动导向系统的线路设计参数导出后应进行复核确认。

3 隧道掘进过程中应采用人工测量方法对导向系统测量成果进行检核。

5.5.6 隧道掘进中测量控制点迁站应符合下列规定：

1 迁站前，应测量盾构姿态，并对相邻控制点的几何关系进行检核，确认控制点位置正确。

2 迁站时，盾构应停止掘进，利用确认的控制点进行迁站测量。

3 迁站后，应对盾构姿态进行复核，迁站前后测定的盾构姿态测量较差应小于 $2\sqrt{2}m$（m 为点位测量中误差）。

5.5.7 盾构姿态测量应符合下列规定：

1 测量内容应包括横向偏差、竖向偏差、俯仰角、方位角、滚转角和切口里程。

2 盾构姿态计算取位精度应符合表 5.5.7 的规定。

表 5.5.7 盾构姿态计算取位精度

名称	单位	计算取位精度
横向偏差	mm	1
竖向偏差	mm	1
俯仰角	′	1
方位角	′	1
滚转角	′	1
切口里程	m	0.01

3　盾构始发掘进段和接收掘进段，应提高测量频率。

4　盾构姿态应根据测量成果及时调整。

5.5.8　衬砌环姿态测量应符合下列规定：

1　衬砌环拼装后，应进行盾尾间隙测量。

2　衬砌环脱出盾尾后，应测量衬砌环中心坐标、底部高程和前端面里程，测量中误差为±3 mm。

3　衬砌环脱出车架后，应测量衬砌环中心坐标、底部高程、水平直径、竖直直径和前端面里程，测量中误差为±3 mm。

5.6　贯通测量

5.6.1　贯通测量应包括隧道的平面纵横向贯通误差测量和高程贯通误差测量，测量时应在贯通面设置贯通相遇点。

5.6.2　隧道横向贯通测量中误差不应超过±50 mm，贯通测量极限误差应小于100 mm；高程贯通测量中误差不应超过±25 mm，贯通测量极限误差应小于50 mm。

5.6.3　平面纵横向贯通误差，可利用隧道贯通面两侧平面控制点测定贯通相遇点的坐标闭合差确定，也可利用隧道贯通面两侧中线在贯通相遇点的间距测定；隧道的纵横向贯通误差应投影到线路及其法线方向上。

5.6.4　高程贯通误差应利用隧道贯通面两侧高程控制点测量。

5.7　竣工测量

5.7.1　隧道贯通后应以始发和接收工作井内的控制点为起算点，对隧道内的导线点和水准点分别重新组成附合路线或附合网，测量结果作为隧道竣工测量以及后续施工测量的依据。

5.7.2　竣工测量应包括隧道轴线平面偏差、高程偏差、衬砌环椭圆度和隧道纵横断面测量等。隧道纵横断面测量应每5环测量

1 个断面，测量中误差不应超过±10 mm。

5.7.3 竣工测量可采用全站仪解析法、断面仪法、近景摄影测量法或三维激光扫描法。

6 盾构始发接收段地基处理

6.1 一般规定

6.1.1 盾构始发、接收段地基处理应综合考虑工程地质和水文地质条件、周边环境、施工条件和工程造价等因素，选用安全适用、经济合理的地基处理工法。

6.1.2 盾构始发、接收段地基处理可采用水泥系地基加固工法或水泥系与冻结复合的地基处理工法。

6.1.3 盾构始发、接收段加固体应与工作井构成整体有效防水体系，并根据地质条件和周边环境情况考虑应急降水措施。

6.2 水泥系地基加固

6.2.1 水泥系地基加固宜选用三轴搅拌桩工法和(或)三重管旋喷桩工法；如受周边环境条件限制，可采用全方位高压喷射注浆工法(MJS)进行地基加固。

6.2.2 水泥系地基加固范围应根据工程地质和水文地质条件、洞门尺寸与埋深、场地条件、周边环境和造价等因素综合确定。

6.2.3 水泥系地基加固施工应符合下列规定：

1 水泥等原材料应有质保书及检测报告。

2 应做好钻孔、拌浆、注浆等施工记录。

3 必须对加固钻孔位置进行复核，孔位偏差不应大于 20 mm，并确认钻孔位置无地下管线后才能开钻。

4 桩体施工垂直度偏差不应大于 1/200，全方位高压喷射注浆(MJS)水平钻孔偏差不应大于 1/150。

6.2.4 加固体质量应符合下列规定：

1 加固体应满足均匀性、密封性及自立性要求。

2 加固体无侧限抗压强度 q_u(28 d)应大于 0.8 MPa，渗透系数应小于 10^{-7} cm/s。

3 采用搅拌桩加固时，弱加固区加固体强度不应低于原状土。

6.2.5 盾构工作井围护结构完成后可进行水泥系地基加固施工，与工作井围护结构接合处加固应在盾构工作井主体结构回筑完成 28 d 后实施。

6.3 水泥系与冻结复合工法地基处理

6.3.1 复合工法地基加固处理应综合考虑盾构工程筹划、工程条件和周边环境等因素，分别确定水泥系和冻结工法加固处理的功能要求及范围。

6.3.2 应先进行水泥系地基加固施工，后进行冻结施工，并应考虑水泥系加固水化热对冻结效果的影响。

6.3.3 水泥系地基加固施工要求应符合本标准第 6.2 节的规定。

6.3.4 冻结法地基处理宜按止水作用考虑，作为水泥系地基加固的辅助措施。有其他要求时，应结合实际情况制定针对性方案。

6.3.5 冻结孔、测温孔开孔位置偏差不应大于 50 mm，开孔间距偏差不应大于 75 mm，最大偏斜率不应超过 1%且最大倾斜量不应大于 130 mm。

6.3.6 冻结停冻或分组停冻方案、冻结管及测温管拔除方案应考虑盾构始发、接收具体工况和冻结加固形式，冻结管、测温管拔除后封孔应密实、可靠。

6.3.7 融沉注浆应利用盾构隧道管片上的预留注浆孔进行，有必要且施工条件具备时，可进行地面分区分次注浆。融沉注浆应遵循多点、多次、均匀的原则；融沉注浆材料以单液水泥浆为主，水泥-水玻璃双液浆为辅。

6.4 地基处理质量检查与验收

6.4.1 地基加固处理质量检查与验收分为施工过程质量检查、加固质量验收两个阶段，应符合下列规定：

1 地基加固施工过程检查项目应包括材料质量、材料用量、施工桩位或钻孔孔位、施工范围等。

2 加固质量验收项目应包括水泥系加固的桩身完整性、强度、抗渗性和均匀性等；复合工法地基处理还应对冻结孔、冻结管、冻结系统、冻土帷幕平均温度、抗渗性能等进行质量验收。

6.4.2 洞门破除前应通过现场钻孔取样检验水泥系地基加固的桩身完整性、强度、抗渗性和均匀性。应采用垂直和倾斜取芯的检测方法(其中斜孔不少于 2 孔)，钻孔取芯孔位宜选在桩体搭接处，取芯深度不应穿透加固体且取芯不应侵入隧道断面内。取芯完成后封孔应密实、可靠。

6.4.3 冻结孔和测温孔的开孔位置、开孔间距、偏斜、深度及冻土帷幕平均温度等应符合设计要求。

6.4.4 盾构始发、接收前应在洞门处打“米”字形 9 点水平探测孔，探测孔深度应打穿围护结构结合处加固层，距地下墙外侧宜为 700 mm；如发现渗漏水或夹泥砂的现象，须采取补加固措施。

7 管片制作

7.1 一般规定

7.1.1 管片生产企业应具有健全的质量管理体系、质量控制和检验制度，并制定安全生产和绿色生产制度。

7.1.2 管片生产设备和设施应满足生产要求，并应定期对主要设备进行检定或测试。

7.1.3 管片制作应满足设计规定的精度、质量及耐久性等要求。

7.1.4 管片生产应编制专项生产技术方案。

7.2 准备工作

7.2.1 生产线布置应符合工艺要求。

7.2.2 管片生产前应采用三维激光测量进行钢模质量验收。

7.2.3 混凝土搅拌、运输、振捣、养护、钢筋成型等设备完成安装调试和安全检查后应进行验收；各种计量器具、设备应通过检定。

7.2.4 混凝土经试配确定配合比，其性能应符合设计及本标准要求。

7.2.5 管片生产过程宜采用信息化管理。

7.3 原材料

7.3.1 钢筋混凝土管片原材料应符合下列规定：

1 具备产品质量证明文件，并根据国家现行相关标准复检合格。

2 宜采用非碱活性骨料；当骨料存在潜在的碱-硅反应危害时，混凝土中碱含量不得大于 3.0 kg/m^3。

3 细骨料宜采用中砂，细度模数、含泥量、硫化物和硫酸盐含量、氯离子含量等应符合现行国家标准《预制混凝土衬砌管片》GB/T 22082 的规定；设计使用年限 100 年及以上的混凝土结构，砂的氯离子含量不得大于 0.01%。采用人工砂时，总压碎值指标应小于 30%。

4 粗骨料宜采用连续级配的 5 mm～25 mm 碎石，压碎指标、含泥量、针片状含量、硫化物和硫酸盐含量等应符合现行国家标准《预制混凝土衬砌管片》GB/T 22082 的规定。

5 矿粉与粉煤灰的总掺量不得少于胶凝材料总量的 20%。

6 外加剂的性能应符合设计要求。

7 复合纤维外观应色泽均匀、表面无污染，其规格、性能、掺量应符合设计要求及国家现行标准的规定。

8 预埋件规格和性能应符合设计要求。

9 钢筋应平直、无损伤，表面不得有裂纹、油污、颗粒状或片状老锈。

7.3.2 钢管片的钢材、焊接材料、防腐涂料、稀释剂和固化剂等材料的品种、规格、性能等应符合设计要求和国家现行标准的有关规定。

7.4 钢 模

7.4.1 钢模必须具有足够的承载能力、刚度、稳定性和良好的密封性能，并满足管片的尺寸和形状要求；钢模应便于安装和拆卸。

7.4.2 钢模安装后必须进行初验，符合设计要求后可试生产，在试生产的管片中，随机抽取 3 环进行水平拼装检验，合格后方可正式验收。

7.4.3 钢模周转 100 次时，必须进行检验，允许偏差和检验方法应符合表 7.4.3 的规定。

表 7.4.3 钢模允许偏差和检验方法

序号	检验项目	允许偏差(mm)	检测数量		检验方法
			范围	点数	
1	宽度(mm)	±0.25	每块	6	专用量具
2	弦长(mm)	±0.35	每块	2	专用量具
3	底座夹角(°)	±1	每块	4	专用量具
4	纵环向芯棒中心距(mm)	±0.2	全数	—	专用量具
5	内腔高度(mm)	0,+2	每块	6	专用量具

7.4.4 钢模宜定期采用三维激光测量方法进行检验，并形成三维展示图。

7.5 钢筋骨架

7.5.1 钢筋骨架应采用焊接连接，并应在符合要求的胎模上制作成型。

7.5.2 钢筋骨架成型应符合下列规定：

1 骨架连接时，应按下料表核对钢筋级别、规格、长度、根数及胎模型号。

2 采用二氧化碳保护焊等方式焊接时，应根据钢筋级别、直径及焊机性能进行试焊，在确定焊接参数后，方可批量施焊；焊接骨架的焊点设置，应符合设计要求；当设计无规定时，应采用对称跳点焊接。

3 焊接前应对焊接处进行检查，不应有水锈、油渍和污物，焊接后不应有焊接缺陷。

7.5.3 浇筑混凝土前，应进行钢筋隐蔽工程验收。验收内容应包括：

1 纵向主筋的品种、规格、数量、位置等。

2 箍筋、横向钢筋的品种、规格、数量、间距等。

3 预埋件的规格、数量、位置等。

4 钢筋保护层垫块的规格、数量、位置等。

7.5.4 钢筋骨架制作允许偏差和检验方法应符合表7.5.4的规定。

表7.5.4 钢筋骨架制作允许偏差和检验方法

序号	检验项目	允许偏差(mm)	检测数量		检验方法
			范围	点数	
1	主筋间距	±5	抽检≥5件/班同类型	4	尺量
2	箍筋间距	±5	抽检≥5件/班同类型	4	尺量
3	分布筋间距	±5	抽检≥5件/班同类型	4	尺量
4	骨架长、宽、高	±5	抽检≥5件/班同类型	4	尺量
5	保护层厚度	+5,−3	抽检≥5件/班同类型	4	尺量

7.6 混凝土

7.6.1 混凝土配合比设计应符合下列规定：

1 混凝土坍落度不宜大于70 mm。

2 在满足设计要求及施工性能的前提下，可适当减少水泥用量。

3 混凝土的抗渗等级应符合设计要求。

4 混凝土的耐久性指标应符合设计要求。

5 混凝土中的氯离子含量不应超过0.06%。

7.6.2 混凝土生产与运输应符合下列规定：

1 首次使用的混凝土配合比应进行开盘鉴定，其工作性能应满足设计要求。生产时应至少留置1组标准养护试件，作为验证配合比的依据。

2 应严格按施工配合比投放原材料，其计量偏差应符合现行国家标准《混凝土结构工程施工质量验收规范》GB 50204 的规定。

3 每工作班至少测定 1 次砂石含水率，并根据测定结果及时调整施工配合比。

4 混凝土应搅拌均匀，和易性良好，应在搅拌或浇筑现场检测坍落度，并逐盘检查混凝土黏聚性和保水性。复合纤维混凝土应控制搅拌时间使纤维充分混合。

5 混凝土运输、浇筑及间歇的全部时间不应超过混凝土的初凝时间。

7.6.3 混凝土浇筑应符合下列规定：

1 混凝土应连续浇筑，并根据生产条件选择适当的振捣方式，振捣密实，不得漏振或过振，每立方混凝土的振捣时间不得大于 20 min。

2 浇筑混凝土时不得扰动预埋件。

3 管片浇筑成型后，在其初凝前宜再次进行压面。

4 浇筑混凝土时留置的试件应符合现行国家标准《混凝土结构工程施工质量验收规范》GB 50204 的规定。

7.6.4 混凝土养护应符合下列规定：

1 混凝土浇筑成型后至开模前，应覆盖保湿，可采用蒸汽养护或自然养护。

2 采用蒸汽养护时，应经试验确定养护制度，并监控温度变化，做好记录。

3 管片出模后应先静停降温，再进行水中养护或保湿养护。

7.7 钢筋混凝土管片

7.7.1 应在内弧面角部、端侧面标记管片型号、管片编号、模具编号、生产日期及生产厂家。

7.7.2 管片的质量要求应符合下列规定：

1 应按设计要求进行结构性能检验，检验结果应符合设计要求。

2 管片强度和抗渗等级符合设计要求；每班次、每浇捣 100 m^3 混凝土，制作抗压试件 1 组；每浇捣 250 m^3 混凝土，制作抗渗试件 1 组。

3 吊装预埋件首次使用前必须进行抗拉拔试验，试验结果应符合设计要求。

4 管片不应存在露筋、孔洞、疏松、夹渣、有害裂缝、缺棱掉角、飞边等缺陷，麻面面积不得大于管片面积的 1%，气泡直径不得大于 5 mm。

7.7.3 单块管片的外观尺寸允许偏差应符合表 7.7.3 的规定。

表 7.7.3 单块管片的外观尺寸允许偏差

<table>
<tr><th rowspan="2">序号</th><th rowspan="2" colspan="2">项目</th><th rowspan="2">允许偏差
(mm)</th><th colspan="2">检测数量</th><th rowspan="2">检验方法</th></tr>
<tr><th>范围</th><th>点数</th></tr>
<tr><td rowspan="3">1</td><td rowspan="3">外形尺寸
(mm)</td><td>宽度</td><td>±0.5</td><td rowspan="4">每块</td><td>内外侧各 3</td><td rowspan="4">尺量</td></tr>
<tr><td>弧弦长</td><td>±1</td><td>两端面各 1</td></tr>
<tr><td>厚度</td><td>+3，−1</td><td>3</td></tr>
<tr><td>2</td><td colspan="2">螺孔直径及孔位</td><td>±1</td><td>3</td></tr>
</table>

7.7.4 管片水平拼装检验标准应符合表 7.7.4 的规定，每 100 环抽查 3 环。

表 7.7.4 混凝土管片水平拼装允许偏差

<table>
<tr><th>序号</th><th>项目</th><th>允许偏差(mm)</th><th>检查数量</th><th>检验方法</th><th>备注</th></tr>
<tr><td>1</td><td>环缝间隙</td><td>1</td><td>每条缝测 3 点</td><td>插片</td><td rowspan="5">水平拼装按无垫片拼装整环测试</td></tr>
<tr><td>2</td><td>纵缝间隙</td><td>1</td><td>每条缝测 3 点</td><td>插片</td></tr>
<tr><td>3</td><td>成环后内径</td><td>±2</td><td>测 4 条</td><td>尺量</td></tr>
<tr><td>4</td><td>成环后外径</td><td>0，+4</td><td>测 4 条</td><td>尺量</td></tr>
<tr><td>5</td><td>纵环向螺栓全部穿进</td><td>符合设计要求</td><td>全数</td><td>目测</td></tr>
</table>

7.7.5 管片应进行检漏测试，每生产 100 环抽检 2 块。按设计抗渗压力保持时间不应少于 3 h，渗水深度应小于 5 cm。

7.8 钢管片

7.8.1 钢管片制作应符合下列规定：

1 侧板（腹板）及外弧板（翼缘板）构件必须采用整块钢材，严禁拼接。

2 钢材如有弯曲应矫正后使用。矫正后钢材表面不应有明显的凹面或损伤，划痕深度不应大于 0.5 mm，且不应大于该钢材厚度负允许偏差的 1/2。

3 钢材焊接宜采用二氧化碳气体保护焊，并符合现行行业标准《二氧化碳气体保护焊工艺规程》JB/T 9186 的规定。

4 应预留注浆孔及注浆管。

5 钢管片外露表面的防火、防腐处理和涂层加工应符合设计要求和现行国家标准《钢结构工程施工质量验收规范》GB 50205 的规定。

7.8.2 钢管片质量应符合下列规定：

1 钢管片外观尺寸允许偏差和检验方法应符合表 7.8.2 的规定。

表 7.8.2 钢管片外观尺寸允许偏差和检验方法

序号	项目	允许偏差（mm）	检测数量		检验方法
			范围	点数	
1	宽度	±0.5	每块	内外侧各 3	尺量
2	弧弦长	±1	每块	内外侧各 1	尺量
3	厚度	+3，−1	每块	3	尺量
4	螺孔直径及孔位	±1	每块	3	尺量
5	环面与端面平整度	0.2	每块	2	尺量
6	环面与端面垂直度	1	每块	4	尺量

2 钢管片水平拼装和检验方法应符合本标准第 7.7.4 条的规定。

3 主要焊缝应按 50%比例进行 PT(着色探伤)或 MT(磁粉探伤)检查。

7.9 贮存与运输

7.9.1 管片贮存场地应坚实平整,并有专用起吊设备。场地与管片之间的垫条厚度必须一致,放置位置正确。

7.9.2 现场管片堆放应采取防撞措施,管片可采用内孤面向上或单片侧立的方式堆放,每层管片之间应正确设置垫木,堆放高度应经计算确定。

7.9.3 管片贮存时应注意保护,不允许污损管片。管片在堆场上的堆放时间在 6 个月以上的,应采取防裂、防冻等措施。

7.9.4 管片在吊装过程中应采取适当的防护措施。管片运输时应放在支垫物上,层与层之间用垫木隔开,每层支承点应在同一水平面上,各层垫木与支垫物应在同一垂直线上。

7.10 出厂标准

7.10.1 管片出厂必须经过质量检查,检验合格后方可出厂。

7.10.2 管片生产应具有可追溯性,并符合下列规定:

1 管片型号、生产日期、生产编号等标志清晰醒目、无误。

2 管片混凝土的 28 d 抗压强度、抗渗等级、管片检漏、防迷流、抗弯性能、抗拔性能等技术质量指标应符合设计要求。

3 管片应无缺角掉边、无蜂窝麻面、无露筋。

4 管片预埋件完好,埋件表面清洁,定位棒安装正确。

5 管片无单块、整环明显色差。

7.11 现场验收

7.11.1 应检查混凝土试件的强度和抗渗等性能试验报告、管片结构性能检验报告和出厂合格证。

7.11.2 应对管片表观进行检查，并符合下列规定：

1 不应有贯穿性裂纹、内表面非贯穿性裂纹、内外表面露筋、孔洞、疏松、夹渣等严重缺陷。

2 不应有拼接面方向长度超过密封槽，或宽度大于 0.2 mm 的拼接面裂纹。

3 外表面不应有裂纹宽度大于 0.2 mm 的非贯穿性裂纹。

4 不应有总面积大于表面积的 5%的粘皮、麻面、蜂窝。

5 不应有缺棱掉角，混凝土剥落。

6 环、纵向螺栓孔畅通，内圆面畅通，不得有塌孔。

8 盾构机进退场及组装验收

8.1 一般规定

8.1.1 盾构机进场前应确认盾构机规格符合盾构机选型和适应性要求。

8.1.2 盾构机进退场应根据盾构机部件情况和场地条件制定专项施工方案，应包括盾构机运输、吊装、临时用电及特殊工况的专项方案。

8.1.3 盾构机组装调试及验收应编制组装调试方案及验收大纲。

8.2 盾构机进退场

8.2.1 盾构机进退场前，应踏勘施工现场场地，并对吊装场地做地基承载力检测。

8.2.2 盾构机进退场前，应确认现场必要的配套设施准备就绪。

8.2.3 盾构机进退场前，应对地下管线、周围环境、交通做好防护工作。

8.2.4 盾构机进退场前，应确认盾构设备运输车辆的行驶路线。

8.2.5 盾构掘进结束前 100 环应进行动态勘验，检查系统设备状态。

8.2.6 盾构掘进结束后，整机停电前应进行静态勘验，确认设备满足解体要求。

8.2.7 解体过程中应对盾构整机主要零部件进行清洁、管线封堵及标识，确认运输设备满足道路运输环保要求。

8.3 盾构机组装调试

8.3.1 盾构机组装时应符合下列规定：

1 结构件组装定位准确。

2 结构件的连接螺栓应按照设计扭矩和操作规程拧紧并复核。

3 液压管线保持清洁整齐。

4 电缆连接牢固。

8.3.2 盾构机组装完成后，调试通电前应按照现行国家标准《电气设备交接试验标准》GB 50150 进行电气试验，保证高压系统安全运行。

8.3.3 盾构机组装完成后，应对盾尾整圆度进行测量，满足盾构推进要求。

8.3.4 盾构机通电后应进行系统空载调试，应包括分系统调试、联动调试和整机调试，并确认安全连锁功能完好。

8.4 盾构机验收

8.4.1 盾构机组装调试正常后应进行盾构机井底功能验收；盾构机试掘进过程中应进行负载调试；试掘进完成后应进行试掘进验收。

8.4.2 应按设计的主要功能及使用要求提出验收大纲，按照验收大纲分系统进行逐项验收。

9 盾构始发和接收

9.1 一般规定

9.1.1 工作井移交后，应检查预埋洞门圈渗漏情况，完成洞门中心复测，布置基座，并进行安装固定。

9.1.2 盾构始发和接收应根据洞门钢圈中心与设计轴线的偏差量对推进姿态进行调整。

9.1.3 基座应具有足够的强度、刚度，并满足盾构机装拆、检修以及盾构始发和接收要求。

9.1.4 盾构始发前应根据工作井实际情况和吊装孔的分布情况选择适当的反力架支撑体系形式，反力架及工作井结构的连接节点应进行安全验算。

9.1.5 盾构始发和接收衬砌环应在管片外弧面和端面设置钢板。

9.1.6 洞门凿除前须对盾构始发、接收段地基加固质量进行检验，加固效果应满足设计要求；应打设水平探孔，检查渗漏水情况。

9.1.7 盾构始发和接收涉及以下工况时，应结合实际情况采取针对性技术措施：

1 富水砂性土层或承压水层等地层中的盾构始发和接收。

2 超浅埋(超深埋)条件下的盾构始发和接收。

3 邻近重要地下管线、地面建构筑物条件下的盾构始发和接收。

4 小半径曲线段盾构始发和接收。

9.1.8 盾构始发和接收阶段应配备应急抢险物资和设备。

9.2 盾构始发

9.2.1 盾构机就位后，应对盾构姿态进行复核。盾构姿态与隧道设计轴线的坡度偏差应小于 2‰，盾构切口中心与线路中心位置水平、垂直偏差不应超过 20 mm。

9.2.2 盾构始发时应做好盾构的防扭措施和基座两侧的加固工作，防止盾构的扭转。

9.2.3 负环宜采用整环钢管片，钢管片的加工制作精度要求应与混凝土管片一致。

9.2.4 负环管片定位时，管片环面应与隧道轴线相适应。负环拆除前，应验算成型隧道管片与地层间的摩擦力，并满足盾构掘进反力的要求；宜采用纵向拉紧措施防止洞口管片环缝松动。

9.2.5 盾构分体始发掘进时，应保护盾构机的各种管线，及时跟进后配套设备，并应确定管片拼装、壁后注浆、出土和材料运输等作业方式。

9.2.6 盾构机刀盘切口靠上加固土体时，应逐步建立开挖面（正面）初始平衡压力。

9.2.7 盾尾刷进行首次油脂涂抹前应将扎钢丝刷的钢丝去除，应采用机打方法实施首次油脂涂抹，并做好包裹。

9.2.8 盾尾密封刷进入洞门结构后，应进行洞门圈间隙的封堵和填充注浆。

9.2.9 采用钢套筒始发时应符合下列规定：

1 钢套筒安装前应对洞门预埋环板进行检查，确保钢套筒与洞门预埋环板可靠连接。

2 钢套筒安装完成后应进行水压力试验，检验钢套筒的密封性能，压力不应小于设计切口水压。

3 应加强钢套筒后端与负环管片的连接，负环管片外侧与钢套筒的间隙应填充密实。

4 洞门凿除应在钢套筒安装完毕、盾构机调试完成后进行。

5 当盾构机刀盘靠到加固土体时，应使用混合浆液填满钢套筒，同时土仓压力应根据地面监测数据及时调整。

6 拆除负环管片及钢套筒前，应确保盾构推进反力和洞门密封性满足要求。

9.3 盾构接收

9.3.1 应在盾构距离接收工作井不少于 50 m 处及盾构进入加固土体前，根据洞门复测结果合理调整盾构姿态，根据监测结果及时调整盾构施工参数。

9.3.2 盾构在加固土体中掘进时不宜过量纠偏，应加强掘进速度和土仓压力的控制。

9.3.3 盾尾进入加固土体后，应在盾尾后进行壁后环箍注浆。环箍注浆位置不宜距盾尾过近，防止粘结盾尾刷。

9.3.4 盾尾脱出洞圈后必须及时做好隧道衬砌环和洞圈的防水密封处理，并及时进行注浆充填施工。

9.3.5 盾构接收阶段，应采用纵向拉紧措施防止管片环缝松动，直至井接头施工完成。

9.3.6 采用钢套筒接收时应符合下列规定：

1 应根据水土压力及相应工况进行钢套筒设计加工，并对与钢套筒相连的预埋钢洞圈进行强度验算。

2 应根据洞门中心和设计轴线进行钢套筒定位，安装后应进行复核。

3 钢套筒拼装后，应安装反力支撑体系和限位斜撑，并设置变形监测点。

4 钢套筒与钢洞圈之间应采取满焊，适当增设筋板，保证密封性及连接强度。

5 钢套筒内宜采用易于切削且渗透性较低的填料填充密

实，并应采取措施稳定盾构姿态。

6 填料填充前应对钢套筒进行试压检测，并对钢套筒的结构稳定性和密封性进行检查。钢套筒试压压力应根据盾构接收位置处水土压力进行确定。

7 盾构接收过程中应采取环箍注浆等措施，封闭管片与加固土体、洞圈间的渗水通道。

8 洞门经检查确认无渗漏后，应及时对洞门进行刚性封堵，随割随封。封堵完毕后方可拆除钢套筒。

9.3.7 采用明洞接收时应符合下列规定：

1 明洞结构的强度、刚度、整体性及防水性能应满足盾构接收要求。

2 明洞侧墙需根据实际情况确定支撑辅助措施。

3 明洞结构内应用砂浆或泡沫混凝土填实，并采取措施防止盾构磕头。

4 盾构接收过程中，应采取环箍注浆等措施，封闭管片与加固土体、洞圈、明洞结构间空隙。

5 明洞结构应由上到下进行拆除并及时采用弧形钢板依次封闭管片和洞圈渗漏水通道。

9.4 特殊工况盾构始发和接收

9.4.1 富水砂性土层或承压水层中盾构始发和接收应符合下列规定：

1 现场条件许可的情况下，应设置降水井降低地下水位。

2 必要时可采取盾尾留置措施。

3 必要时可采取发泡聚氨酯封堵渗水通道。

4 应采用两次或多次接收施工工艺，必要时可采用钢套筒接收等措施。

5 应做好螺旋机的防喷涌措施，盾尾油脂应采用优质油脂足量压注，并备好海绵条、弧形钢板等附加止水材料。

9.4.2 超浅埋（超深埋）条件下盾构始发和接收应符合下列规定：

1 盾构超浅埋始发、接收前应验算上覆土层厚度，对于不满足抗浮要求的，应增加辅助抗浮措施。

2 始发、接收时应严格控制盾构开挖面土压力、掘进速度、出土量等参数。

3 盾构超深埋始发、接收前宜同时采取水泥系和冻结法结合的地基加固形式以加强土体的稳定性以及加固体的防水性能。

4 洞门圈注浆时宜采取初期强度高、收缩率小的浆液。

9.4.3 邻近重要地下管线、地面建构筑物条件下的盾构始发和接收应符合下列规定：

1 对重要管线和施工中影响较大的管线，始发和接收前应根据具体情况进行加固或改移。

2 应对危房或一些重要建筑物进行房屋鉴定，对需要保护的建构筑物应委托专业的检测机构进行监测，并出具检测报告。

9.4.4 小半径曲线段始盾构始发和接收应符合下列规定：

1 应对隧道轴线偏差进行割线拟合计算，其偏差不宜大于30 mm。

2 盾构进入加固区前，应提前调整盾构姿态和走向，确保盾构中心轴线位置、方向与拟合的割线延长线一致。

3 割线始发和接收无法保证盾构穿过洞圈时，应采取措施确保盾构在加固区与设计轴线拟合。

9.5 井接头施工

9.5.1 隧道贯通后应及时进行井接头施工。

9.5.2 应根据工况条件选择内置式或外置式井接头，风险地层应采用外置式井接头。

9.5.3 应根据井接头型式预先调配管片，确保管片与洞门圈的位置满足要求。

9.5.4 井接头施工前应采用注浆措施确保洞圈处无渗漏。

10 盾构掘进施工

10.1 一般规定

10.1.1 盾构掘进施工可划分为盾构始发掘进、正常掘进和接收掘进3个阶段。应根据各阶段施工特点及工程质量、安全和环保要求采取针对性技术措施。

10.1.2 盾构掘进应确保开挖面土体稳定，选择合理的土压力、掘进速度、出土量、同步注浆量及注浆压力等施工参数。

10.1.3 当盾构停止掘进时，应采取保压措施，如遇长时间停机，应编制停机方案，并采取措施防止盾构后退和姿态突变。

10.1.4 在曲线段施工时，应根据曲线半径、盾构姿态、管片姿态等之间的关系设定预偏值，以减小成环管片竖向和横向位移对隧道轴线的影响。

10.1.5 应根据水平偏差、高程偏差和滚转角偏差及时调整盾构姿态，勤测勤纠，严禁急纠和过量纠偏。

10.1.6 盾构掘进过程中应及时注浆，应控制好同步注浆量及压力，并根据监测结果及时调整。

10.1.7 应及时对盾构姿态和管片姿态进行复核测量。

10.1.8 应定期对盾构机、水平运输、垂直提升、供水供电系统、抽排水及通风设备等进行检修保养，确保其正常运转，并做好记录。

10.1.9 施工中必须严格按照当班掘进指令控制盾构施工参数，并做好记录。

10.2 盾构掘进操作

10.2.1 盾构始发掘进段，应先拟定试掘进参数，并根据监测结果及时调整，合理控制盾构姿态和管片拼装点位，减小盾构施工对周边环境的影响。

10.2.2 盾构正常掘进段施工参数，应根据试掘进参数，并结合地质条件、埋深、平纵断面、周边环境、盾构姿态、盾尾间隙及监测结果进行适当调整。

10.2.3 盾构接收掘进段，应及时进行贯通测量、复核管片里程及轴线偏差，并根据结果及时调整管片型号、调整施工参数及纠偏指令等。

10.2.4 开挖渣土应充满土仓，渣土形成的土仓压力应与刀盘外侧水土压力平衡，排土量应与开挖土量相平衡，应避免土仓压力波动过大。

10.2.5 应根据工程地质和水文地质条件，及时向刀盘前方及土仓注入添加剂，确保渣土处于流塑状态。

10.2.6 盾构掘进速度应与进出土量、开挖面土压力及同步注浆参数等相协调。

10.2.7 盾构掘进的同时，应及时压注盾尾油脂，确保盾尾密封效果，防止水、砂土、同步注浆浆液等从盾尾流入隧道内。

10.3 盾构姿态控制

10.3.1 应及时测量盾构里程、轴线偏差、俯仰角、方位角、滚转角和盾尾管片间隙，并根据测量数据和隧道轴线线型，选择管片型号，确定纠偏方法。

10.3.2 盾构掘进姿态应符合下列规定：

1 盾构推进坡度与隧道设计轴线的偏差应小于0.3%。

2 盾构轴线横向或竖向偏差不应超过±50 mm。

3 盾构滚转角不应超过±1°。

10.3.3 姿态控制措施应符合下列规定：

1 应通过采取液压缸分区分组控制或使用仿形刀适量超挖等措施控制横向或竖向偏差。

2 应通过反转刀盘、调整拼装顺序以及在油缸撑靴与管片间垫钢板等措施减小盾体的滚转角。

10.3.4 盾构姿态应勤测勤纠，姿态纠偏应符合下列规定：

1 盾构纵坡和平面的单次最大纠偏量不应超过0.5%，应逐环小量纠偏，不得过量纠偏。

2 盾构纠偏不得损坏已安装的管片，并应保证新一环管片的顺利拼装。

3 盾构纠偏应防止盾尾漏浆。

10.3.5 盾构施工中应根据不同地质条件下成型隧道上浮或下沉量，及时调整盾构姿态和施工参数，并加强复测。

10.4 沉降控制

10.4.1 盾构开挖面前方沉降控制应符合下列规定：

1 应根据地质条件、覆土厚度及周边环境监测结果设定土仓压力。

2 土仓内土体应具有良好的流塑性和低透水性。必要时可向刀盘、土仓或螺旋输送机内注入添加剂以改善渣土的性能。

3 应及时记录出土量，避免超挖欠挖。

10.4.2 盾尾后方沉降控制应符合下列规定：

1 衬砌环脱出过程中必须及时进行同步注浆，应选择适当的注浆压力和注浆量，保证管片与地层的间隙填充密实，必要时应进行二次注浆。

2 盾尾与管片的间隙内应充满油脂并满足密封要求，防止盾尾漏水漏浆。

10.4.3 盾构掘进施工影响区域出现沉降或隆起预警、报警时需加强监测并分析原因和采取相应措施。

10.5 盾构施工监控

10.5.1 应加强盾构施工监控，及时调整施工参数、减少地层损失，并控制好盾构轴线、成型隧道轴线以及隧道设计轴线三者之间的偏差。

10.5.2 盾构施工参数应分级监控，并做好盾构运转情况、施工参数变化和排出渣土状况记录，及时进行分析反馈。

10.5.3 螺旋机出土口、皮带出土口、拼装区域等关键部位应设置视频监控。

10.6 盾构掘进中止

10.6.1 盾构掘进遇下列情况之一时，必须暂停掘进，分析原因并采取措施：

1 盾构前方地层发生坍塌或遇有障碍。

2 盾构壳体滚转角达到 3°。

3 盾构机姿态发生突变。

4 盾构偏离设计轴线超过±50 mm。

5 盾构推力与预计值相差较大。

6 盾构掘进扭矩发生异常波动。

7 管片严重开裂或严重错台。

8 盾尾卡住隧道衬砌环。

9 盾尾同步注浆系统发生故障无法注浆。

10 盾尾漏浆严重。

11 中间铰接渗漏。

12 动力系统、密封系统和控制系统等发生故障。

13 盾构掘进引起周边环境变形过量或管线事故等。

14 盾构自动导向系统不能测量、未生成测量数据。

15 有毒有害气体报警。

10.6.2 遇下列情况，盾构设备应进行停机保养：

1 实施盾构机日保养计划时。

2 盾构机长时间停机复推前。

3 盾构穿越特殊地段施工前。

4 盾构接收前。

10.7 盾构平移、调头、过站和空推

10.7.1 盾构平移、调头和过站前，应进行施工现场调查，相关设备应满足强度、刚度及稳定性等要求。

10.7.2 盾构平移、调头和过站净空受限时，应采取针对性措施。

10.7.3 盾构平移、调头和过站前，应安装满足盾体及托架移动的设备。

10.7.4 托架及平台安装完成后，表面焊缝要打磨光滑，并在表面涂上黄油。

10.7.5 平移、调头和过站时应有专人指挥，专人观察盾构的移动状态，避免方向偏离或碰撞。

10.7.6 盾构空推应符合下列规定：

1 导台或导向轨道水平和竖直方向的精度应满足设计要求。

2 应合理调整各推进组油缸行程，保证盾构沿着导向平台中心前行。

3 需采取管片壁后注浆、管片纵向拉紧等措施，注浆时应避免浆液窜至刀盘前方。

4 当盾构刀盘重新切削岩土时，应控制盾构滚转角。

11 特殊地段施工

11.1 一般规定

11.1.1 当盾构进入下列特殊地段，应采取针对性施工安全控制措施：

1 覆土厚度不大于盾构直径的浅覆土层地段。

2 覆土厚度大于 25 m 的深覆土层地段。

3 小半径曲线地段。

4 隧道长度大于 1 500 m 的地段。

5 地下管线地段。

6 地下障碍物地段。

7 建(构)筑物地段。

8 水域地段。

9 隧道净间距不大于 0.7 倍盾构直径的地段。

10 叠交隧道地段。

11 地质条件复杂地段。

12 存在有害气体地段。

11.1.2 特殊地段施工应符合下列规定：

1 应查明和分析地质状况和隧道周边环境状况，并应确定专项施工技术措施和应急预案。

2 盾构机设备适应性应满足对应特殊地段的施工要求。

3 应根据隧道所处位置、工程地质和水文地质条件，合理设定开挖面压力；应确定壁后注浆的材料、压力和注浆量，并在施工过程中根据量测结果及时调整，控制地层变形。

4　应对地表、建(构)筑物、管线等变形进行监测分析,并根据监测结果及时调整施工参数。

11.2　浅覆土层施工

11.2.1　盾构隧道顶覆土不大于1倍盾构直径为浅覆土施工,应控制盾构开挖面土压、掘进速度等参数,减少施工对环境的影响。

11.2.2　应控制盾构姿态,防止发生盾构抬头和隧道上浮。

11.2.3　地质复杂时,可提前采取地基加固、抗浮板等辅助措施。

11.2.4　壁后注浆应使用快凝早强注浆材料,及时稳定隧道,控制隧道的上浮和管片的变形。

11.2.5　盾构掘进过程中,可采取地面堆载、隧道内堆载、隧道刚度增大等辅助措施。

11.3　深覆土层施工

11.3.1　盾构隧道顶覆土大于25 m为深覆土施工。

11.3.2　应加强对盾构机主驱动密封、铰接密封、螺旋机密封、盾尾密封系统功能和性能的设计审查。

11.3.3　应加强开挖面监控和施工参数控制,减少施工对设备和环境的影响。

11.3.4　应采取措施保证盾尾椭圆度和隧道椭圆度满足设计要求,加强施工测量频率并确保盾尾间隙均匀。

11.4　小半径曲线施工

11.4.1　隧道曲率半径小于400 m为小半径曲线施工,宜采用铰接式盾构机,启用铰接应严格按照程序规定和制造商要求执行。

11.4.2　应防止由于盾构推进反力不均引起的管片环变形、移动、错台、碎裂、渗水等。

11.4.3 应根据隧道设计轴线对盾构姿态进行及时纠偏，不应急纠、猛纠。

11.4.4 应控制推进液压油缸行程差、盾尾间隙等参数，防止盾尾与管片之间硬性接触导致纠偏困难、管片碎裂渗漏。

11.4.5 使用超挖装置时，应严格控制超挖量。

11.4.6 壁后注浆应使用快凝早强注浆材料，并根据成型隧道平面变化调整曲线内外侧注浆量。

11.4.7 应增加施工测量频率和测量台复核频率。

11.4.8 应采取措施防止后配套车架脱轨或倾覆。

11.4.9 在地层稳定性差的地段，宜提前采取稳定土体辅助措施。

11.5 长距离隧道施工

11.5.1 隧道单次掘进长度大于 1 500 m 为长距离隧道施工。

11.5.2 应选择满足长距离施工测量精度要求的测量仪器和测量方法，增加测量频率和测量台复核频率。

11.5.3 应选择满足施工要求的水平运输方式和设备，采取合理的运输方案提高运输效率。

11.5.4 应加强通风换气，通风设备必须延伸至拼装工作面，施工过程中应配备气体检测设备，对气体进行监测预警，必要时停止推进，采取隧道内加强通风措施。

11.5.5 应将应急、消防设备和物资布置在盾构工作面附近，发现问题及时处理。

11.6 穿越地下管线段施工

11.6.1 应对地下管线类型、位置、结构、材质、压力、敷设方式、窨井围护形式、使用情况、允许变形值等详细调查。

11.6.2 对受施工影响可能产生较大变形的管线,应根据具体情况进行加固、悬吊、改移或停用。

11.6.3 应根据管线隆沉监测反馈及时调整盾构开挖面土压、掘进速度、出渣量、壁后注浆量等施工参数,减少地层土体的隆沉和变形,确保管线安全。

11.7 地下障碍物处理及穿越施工

11.7.1 施工前应详细调查地下障碍物。

11.7.2 从地面处理地下障碍物时,应选择合理的处理方法,将障碍物进行清除并及时回填密实,盾构机应具备应对残留障碍物的能力,确保盾构安全通过。

11.7.3 在开挖面拆除障碍物时,可选择带压作业或加固地层的施工方法,并配备所需的设备及设施,应防止地层漏气漏水,控制地层的开挖量。

11.7.4 盾构直接切削地下障碍物时,盾构机应具备切削障碍物的能力,并采取针对性技术措施,必要时应对隧道结构进行加强。

11.8 穿越建(构)筑物施工

11.8.1 盾构穿越前,应对建(构)筑物的结构、位置、使用情况、变形等进行详细调查,评估施工对建(构)筑物的影响。

11.8.2 根据建(构)筑物基础与结构的类型、现状和沉降控制值,可采取预加固、隔离或托换等措施。

11.8.3 应加强地层和建(构)筑物变形监测并及时反馈,优化调整盾构施工参数。

11.8.4 应根据建(构)筑物沉降速率进行多次壁后注浆,使用快凝早强注浆材料。

11.8.5 盾构穿越运营地铁、铁路、磁悬浮、机场、古建筑等重要建

(构)筑物时,还应采取下列施工措施:

1 设置试验段,以控制地层变形量为目标,确定施工参数。

2 进行实时连续监测,及时分析反馈,微调施工参数。

3 盾构穿越前应进行全面的设备检修保养,穿越期间应连续施工。

4 必要时采取压重等措施,控制隧道上浮。

5 盾构穿越后,应根据监测结果及时进行补偿注浆,并遵循“多点、少量、多次、均匀”的原则。

11.9 穿越水域的盾构隧道施工

11.9.1 应详细查明盾构穿越水域段的工程地质和水文地质条件、河床状况、勘察孔位置、水位变化、岸边建(构)筑物情况及保护要求。

11.9.2 穿越前应对盾构密封系统做全面检查和处理,应制定盾尾渗漏、螺旋机喷涌以及盾构铰接渗漏处置措施,宜在盾构工作面附近配备应急抢险设备和物资。

11.9.3 应根据水位、覆土厚度变化,调整盾构开挖面土压设定。浅覆土水域穿越段应防止切口冒顶、盾尾渗漏、螺旋机喷涌及盾构铰接渗漏。

11.9.4 应控制盾构姿态,保证盾尾间隙均匀。

11.9.5 应采取减小对堤岸影响的措施。

11.9.6 应对河床隆沉进行监测,宜采用测量船作业。

11.10 小净距隧道施工

11.10.1 隧道净间距小于0.7倍盾构直径的地段为小净距隧道施工。

11.10.2 施工前,应分析施工对既有隧道的影响或隧道同时掘进时的相互影响，并采取相应的施工措施。

11.10.3 施工时，应严格控制掘进速度、土仓压力、出渣量、注浆压力等，减小对邻近隧道的影响。

11.10.4 应对先行或既有隧道加强监测，根据反馈调整盾构施工参数。

11.10.5 壁后注浆应使用快凝早强注浆材料。

11.10.6 隧道同时掘进时，应控制相邻盾构机前后的距离，同时增加先行隧道施工测量频率和测量台复核频率。

11.10.7 可采取加固隧道间的土体，在既有或先行隧道内支设钢支撑、增强纵向刚性连接等辅助措施，控制地层和隧道变形。

11.11 叠交隧道施工

11.11.1 两条隧道投影面重合的区段施工为叠交隧道施工。

11.11.2 叠交隧道施工顺序宜先下后上。

11.11.3 先行隧道施工时应严格控制地面变形，确保隧道稳定。

11.11.4 后续隧道施工时，应加强对先行隧道的监测，根据监测结果及时调整盾构施工参数。

11.11.5 壁后注浆应使用快凝早强注浆材料。

11.11.6 施工过程中可采取注浆加固隧道间的土体，在先行隧道内支设钢支撑、增强纵向刚性连接、压重等辅助措施控制隧道变形。

11.12 复杂地质条件下的盾构隧道施工

11.12.1 当盾构在富水砂性地层或承压水层掘进施工时，应符合下列规定：

1 盾构机应具备向密闭土仓加高黏度泥浆、泡沫和聚合物的功能，盾尾密封应确保其密封性能指标达到抵抗盾构底部最高水土压力及注浆压力的要求，螺旋输送机应设有防喷装置。

2 施工前应对盾构密封系统做全面检查和处理，应制定盾尾渗漏、螺旋机喷涌及盾构铰接渗漏处置措施，宜在盾构工作面附近配备应急抢险设备和物资。

3 应采取向土仓中注入润滑泥浆或泡沫的措施，加强开挖面渣土改良，控制地面变形。

4 应加强施工参数控制，控制盾构姿态，保证盾尾间隙均匀。

5 壁后注浆应使用快凝早强注浆材料，加强注浆控制，确保隧道稳定。

11.12.2 当盾构在富水软弱暗浜地层掘进施工时，应采取聚合物改良正面土体，同时增加壁后注浆，稳定隧道。

11.13 有害气体段的盾构隧道施工

11.13.1 盾构施工前应详细查明盾构穿越段的有毒有害气体种类、分布、压力等情况，评估有害气体对施工的影响。

11.13.2 地层中有毒有害气体过多、压力过大时，必须提前进行释放处理。

11.13.3 盾构机应配备有毒有害气体检测设备，施工前应对盾构密封系统进行全面检查和处理。

11.13.4 施工中应加强通风换气，通风设备应延伸至拼装工作面。

11.13.5 施工过程中应对有毒有害气体进行监测预警，建立分级预警机制，有毒有害气体浓度大于安全标准的，必须停止推进，采取隧道内加强通风和隧道开挖面外钻孔放气等措施。

11.13.6 在易燃易爆气体地段施工时，相关设备应满足防爆要求。

12 管片拼装

12.1 一般规定

12.1.1 必须使用质量合格的管片和防水密封条，管片防水密封材料应粘贴牢靠，并验收合格。

12.1.2 管片选型应符合下列规定：

1 应依据设计要求，选择管片类型、拼装方式和拼装位置。

2 当在曲线地段或需纠偏时，管片类型和拼装位置的选择应根据隧道设计轴线、前一环管片姿态、盾构姿态、盾尾间隙、推进油缸行程差和铰接油缸行程差等参数综合确定。

12.1.3 应按拼装工艺要求逐块拼装，并及时连接成环。

12.1.4 管片吊卸应采用满足吊装要求的柔性吊带或专用吊具，并定期检修。

12.2 拼装准备

12.2.1 管片吊装下井前应再次检查管片类型、破损情况、防水密封材料粘贴情况和拼装连接件，满足要求后方可吊装下井。

12.2.2 管片在隧道内应按便于拼装的顺序存放，管片与隧道之间应设置柔性隔离。

12.2.3 盾构推进到位后盾构姿态和间隙应符合拼装要求。

12.2.4 应对前一环管片环面进行质量检查和确认。

12.2.5 应对拼装机具和材料进行检查，拼装吊具须拧紧并进行试吊。

12.2.6 管片拼装前须清除前一环环面和盾尾里的垃圾及异物。

12.3 拼装作业

12.3.1 管片拼装应合理选择分块拼装顺序，依次拼装成环，首块管片拼装须准确定位，成环管片满足质量要求。

12.3.2 管片拼装过程中，应严格控制盾构千斤顶的伸缩，使盾构姿态和开挖面稳定。

12.3.3 拼装管片时，应采取措施防止管片及防水密封条损坏。

12.3.4 应对已拼装成环的衬砌环进行椭圆度测量，确保拼装精度。

12.3.5 环纵向螺栓应全部穿进，两侧外螺纹数应一致；螺栓应在管片拼装时拧紧，盾构机推进时复紧。

12.3.6 螺栓复紧不应少于 3 次，应在盾构推进时、管片脱出盾尾及脱出盾构台车之前进行复紧，螺栓复紧应采用扭矩扳手。

12.3.7 管片拼装后发现有大于 0.2 mm 的贯穿性裂缝或严重损坏的管片，应及时调换，成环后遇有管片缺棱掉角损伤，应检查并按规定方法修补。

12.3.8 在曲线段拼装管片时，应正确使用楔形管片，使各管片环向定位准确。

12.3.9 联络通道等特殊位置拼装管片时，应根据特殊管片的设计位置，预先调整盾构姿态和盾尾间隙，确保管片拼装符合要求。

12.4 管片拼装质量控制

12.4.1 管片应无贯穿裂缝，无大于 0.2 mm 宽度的裂缝，无缺棱掉角现象。

12.4.2 管片防水密封质量应符合设计要求，防水材料应粘贴牢固、平整，不得缺损。

12.4.3 螺栓质量及拧紧度应符合设计要求。

12.4.4 施工阶段管片拼装成环质量允许偏差应符合表 12.4.4 的规定。

表 12.4.4 管片拼装成环允许偏差

序号	项目	允许偏差(mm)	检测数量		检验方法
			范围	点数	
1	隧道轴线高程	±50	逐环	1 点/环	用水准仪测高程
2	隧道轴线平面位置	±50	逐环	1 点/环	用全站仪测中线
3	椭圆度	±4‰D	每 5 环	—	断面仪、全站仪测量
4	衬砌环内错台	4	逐环	5 点/环	尺量
5	衬砌环间错台	5	逐环	5 点/环	尺量

注:D 为隧道外径(mm)。

13　壁后注浆

13.1　一般规定

13.1.1　盾构掘进的同时，必须进行同步注浆。当同步注浆不能达到地层沉降和环境变形控制要求时，应及时进行二次注浆。

13.1.2　应采取措施减少注浆施工对周围环境的影响。

13.2　注浆材料

13.2.1　同步注浆浆液宜采用缓凝型厚浆或双液浆。厚浆由砂、粉煤灰、膨润土、石灰、添加剂、水等拌制而成。当地层稳定性较差或周边环境保护要求高时，可适当添加胶凝材料。

13.2.2　应根据地层条件、地面超载、变形控制要求、注浆设备的特点，通过试验选择合适的同步注浆浆液配比。

13.2.3　同步注浆浆液的流动性、稳定性、充填性、可泵送性、凝结时间、收缩率和环保等应满足施工要求。

13.2.4　同步注浆浆液宜采用工厂内专门拌制，运送至施工现场。采用现场拌制时，必须满足环保及质量控制的要求。

13.2.5　二次注浆浆液宜采用水泥浆、水泥-水玻璃双液浆。

13.2.6　二次注浆浆液应根据成型隧道的质量和同步注浆的情况等确定浆液配比。

13.3　同步注浆作业及质量控制

13.3.1　注浆前，应根据注浆施工要求准备拌浆、储浆、运浆和注浆设备，并应进行试运转，首次注浆前所有注浆管路均应注水湿润。

13.3.2 注浆前，应对注浆孔、注浆管路和设备进行检查。

13.3.3 注浆时，应按照注浆量和注浆压力双控的原则进行多点匀速注浆，并对注浆量、注浆压力和注浆时间等参数进行记录。

13.3.4 应根据地层条件、施工状态和环境要求通过试验确定注浆率，注浆率宜为120％～180％。同步注浆压力应大于周边地层压力，应避免压力过大盾尾密封系统和管片接缝防水失效。注浆速度应根据注浆量和掘进速度确定。

13.3.5 注浆管路应采用膨润土浆液定期清洗。长时间停顿或在浆液材料中添加胶凝材料时应加强清洗。

13.4 二次注浆作业及质量控制

13.4.1 注浆前，宜通过注浆试验确定钻孔工艺、浆液配合比、注浆方法和工艺，并根据试验结果调整注浆参数。

13.4.2 应利用管片预留注浆孔注浆，开孔时应安装孔口防喷装置，注浆后应及时封堵注浆孔。

13.4.3 注浆时，应按照注浆量和注浆压力双控的原则进行注浆，并对注浆量、注浆压力和注浆时间等参数进行记录。

13.4.4 注浆压力应大于周边地层压力，且应避免压力过大导致管片角部破损和管片接缝防水失效。

13.4.5 施工过程中应做好隧道、地面、建(构)筑物等的监测，及时调整注浆量。

14 隧道防水和缺陷处理

14.1 一般规定

14.1.1 隧道防水应包括管片接缝防水、特殊部位防水和管片本体防水。

14.1.2 隧道防水应满足设计和现行国家标准《盾构法隧道施工及验收规范》GB 50446 的要求。

14.1.3 缺陷处理包含渗漏水处理和管片修补。隧道渗漏水处理应符合现行国家标准《地下工程防水技术规范》GB 50108 的规定，管片修补应满足隧道结构安全要求，修补时机宜在隧道贯通后。

14.2 防水材料检测

14.2.1 应对防水密封条、遇水膨胀止水条、螺栓密封圈、自粘性橡胶薄片、软木橡胶衬垫、管片手孔封堵材料和接缝嵌缝材料进行检测。

14.2.2 防水材料检测项目应符合下列规定：

1 防水密封条成品应检测截面尺寸误差、净面积、硬度以及物理性能指标等。

2 遇水膨胀止水条成品应检测截面尺寸误差、硬度、拉伸强度和断裂伸长率、体积膨胀倍率、质量损失率、反复浸水性能。

3 螺栓孔密封圈应采用遇水膨胀橡胶制品，应检测硬度、体积膨胀倍率、质量损失率和反复浸水性能。

4　自粘性橡胶薄片成品应检测粘结剪切强度。

5　软木橡胶衬垫成品应检测硬度、拉伸强度、断裂伸长率、恒定形变下的压缩可恢复性、压缩应力。

6　手孔封堵材料包含聚合物水泥砂浆或速凝型快硬水泥，接缝嵌缝材料包含聚合物水泥砂浆、速凝型快硬水泥、遇水膨胀止水胶或聚氨酯建筑密封胶，应各自按现行国家标准要求开展检测。

14.2.3　各检测项目的批次、抽样和合格判定应符合现行有关标准的规定。

14.3　隧道防水施工

14.3.1　遇水膨胀类防水材料在运输和仓储时，应采取防雨、防潮措施。

14.3.2　防水密封条的长度尺寸须与管片型号匹配，粘贴前须做好相应沟槽的清洁工作，且在密封槽内应居中套箍、粘贴牢固。管片角隅处宜加贴自粘性橡胶薄片。

14.3.3　粘贴防水密封条后的管片堆放，应设置防雨措施，并尽快使用。

14.3.4　管片吊运时要确保防水密封条不失落、不移位。

14.3.5　管片拼装时应严防防水密封条脱槽、扭曲，封顶块拼装时应保持足够的封口尺寸，并按需涂刷符合设计要求的润滑剂，防止防水密封条擦坏、变形。

14.3.6　注浆孔及螺栓孔处密封圈应定位准确，并应与密封槽相贴合。

14.3.7　当隧道处于侵蚀性介质的地层时，应采取相应的耐侵蚀混凝土或外涂耐侵蚀的外防水涂层措施。当处于严重腐蚀地层时，可同时采用耐侵蚀混凝土和外涂耐侵蚀的外防水涂层措施。

14.4 渗漏水处理

14.4.1 渗漏水处理方案应根据渗漏原因、渗漏部位和渗漏量等制定，不应对结构安全和耐久性造成影响。

14.4.2 堵漏材料应满足堵水要求，配比应根据地层特性、周边环境、施工工艺等确定。

14.4.3 堵漏注浆时，应对注浆压力和注浆量进行双控。

14.4.4 注浆封堵结束后，应对注浆孔进行密封防水处理。

14.5 管片修补

14.5.1 隧道衬砌表面出现缺棱掉角、混凝土剥落时，应进行修补。

14.5.2 混凝土管片的碎裂掉块修补，应综合考虑破损原因、修补范围、环境条件、安全性、经济性等因素，有针对性地选择合理、适用的修补方法。

14.5.3 修补材料的抗拉强度不应低于 2.0 MPa，抗压强度不应低于管片混凝土强度。

15 盾构施工监测

15.1 一般规定

15.1.1 盾构施工监测对象应包括隧道结构和周边环境。

15.1.2 施工监测方案和应急预案应根据设计要求，并结合施工环境、工程地质和水文地质条件、掘进速度等制定。

15.1.3 施工监测方案应根据监测对象变形量和变形速率等进行调整，对突发的变形异常情况应及时启动应急预案。

15.1.4 地面、地下的监测数据以及盾构掘进机施工参数必须同步采集，并进行分析。

15.1.5 监测仪器和设备应满足量测精度、抗干扰性、可靠性等要求，必要时还应满足实时采集和传输要求。

15.1.6 隧道施工监测等级、施工巡查内容应符合现行国家标准《城市轨道交通工程监测技术规范》GB 50911 的规定，监测项目应符合表 15.1.6 的规定。穿越江河、建(构)筑物或有特殊要求等地段的监测项目应根据设计要求确定。

表 15.1.6 盾构施工监测项目

序号	监测项目	工程等级			主要监测仪器
		一级	二级	三级	
1	施工区域地表隆沉、沿线建(构)筑物和管线变形	√	√	√	水准仪、全站仪、GNSS接收机
2	隧道竖向位移	√	√	√	水准仪
3	隧道收敛	√	√	√	收敛仪、全站仪、测距仪

续表15.1.6

序号	监测项目	工程等级			主要监测仪器
		一级	二级	三级	
4	隧道水平位移	√	○	○	全站仪
5	成型隧道管片内力	○	○	○	应力计、应变计
6	管片连接螺栓应力	○	○	○	应力计、应变计
7	土体深层水平位移	○	○	○	测斜仪
8	土体分层竖向位移	○	○	○	水准仪、分层沉降仪
9	隧道周围土压力	○	○	○	压力计
10	孔隙水压力	○	○	○	孔隙水压计

注:√为应测项目;○为选测项目。

15.1.7 竖向位移监测可采用水准测量方法,水准基点应埋设在变形影响范围外,且不应少于3个。

15.1.8 水平位移监测可采用边角测量或GNSS等方法,并应建立水平位移监测控制网,水平位移监测控制点宜采用具有强制对中装置的观测墩和照准装置。

15.1.9 采用物理传感器进行监测时,应按各类仪器不同的埋设规定和监测方案要求埋设传感器。

15.1.10 当竖向位移监测采用静力水准测量方法时,静力水准的埋设、连接、观测、数据处理等应符合国家现行相关标准要求,测量精度应与水准测量精度要求相同。

15.1.11 监测点应埋设在能够反映变形、便于观测、易于保护的位置。

15.1.12 地表竖向位移监测采用的高程系统应与施工测量的高程系统一致。

15.1.13 监测点布设、监测方法、测量精度应符合现行国家标准《城市轨道交通工程监测技术规范》GB 50911和《城市轨道交通工程测量规范》GB 50308的规定。

15.2 隧道周边环境监测

15.2.1 隧道周边环境监测对象应包括邻近建(构)筑物、地表和地下管线等,监测项目应符合表15.2.1的规定。

表15.2.1 隧道周边环境监测项目

监测对象	监测项目
建(构)筑物	高层、超高层、保护建筑、危房等建筑的变形和裂缝 桥梁、轨道交通线路等市政设施的变形和裂缝
地表	地面道路、地表等变形
地下管线	燃气、热力、供水、供电、排水等主要管线变形

15.2.2 建(构)筑物变形监测,应根据其结构状况、重要程度、影响大小有选择地进行变形监测。监测点的布设应能够反映邻近建(构)筑物的不均匀沉降及倾斜等情况。

15.2.3 线路纵向地表竖向位移观测点应沿隧道中线按一定间距布设,横向地表竖向位移观测断面应按盾构掘进沿线环境保护要求重点设置,观测点的布设应符合表15.2.3的要求。

表15.2.3 地表竖向位移观测点布设要求

项目	布点范围	布点间距
纵向地表竖向位移观测点	离工作井50 m范围内	2环~4环
	离工作井50 m范围外	5环
	联络通道上方以通道正投影范围前后加上W m范围内	3环~5环或5 m
横向地表竖向位移观测断面	断面间距	50 m
	观测范围	不少于隧道中心线两侧W m
	布点间距	2 m~5 m

注:表中W为不小于1.5倍隧道中心埋深。

15.2.4 邻近地下管线监测点应直接设置在管线上，对无法直接观测的管线应采取周边土体分层沉降代替管线沉降监测。

15.2.5 监测初始值应在盾构机掘进影响该监测区域前 10 d 开始，直至观测对象稳定时结束。

15.2.6 竖向位移监测频率在盾构切口前 20 m 至盾尾脱出后 30 m 为重点监测时段，不应少于每天 2 次。盾尾脱出 30 m 后，当变形速率大于 3 mm/d，不应少于每天 2 次；当变形速率在 1 mm/d～3 mm/d 时，不应少于每天 1 次；当变形速率在 0.5 mm/d～1 mm/d 时，每 2 天 1 次；当变形速率小于 0.5 mm/d 以后，可每周 1 次或更长。

15.2.7 盾构穿越建(构)筑物、轨道交通、铁路、桥梁、防汛墙、地下管线等重要构筑物时，除应对被穿越体进行监测外，还宜增加周围土体的变形监测。

15.2.8 对穿越既有轨道交通、重要建(构)筑物等周边环境风险等级较高的工程应提高监测频率，并对关键监测项目进行实时监测和后期监测。

15.3 隧道结构监测

15.3.1 隧道结构监测应包括隧道竖向位移和收敛变形监测，必要时应进行水平位移和应力监测。

15.3.2 隧道竖向位移监测点每 5 环布设 1 点，测点宜设在道床位置两侧的管片上，初测应在隧道衬砌环脱出盾构台车后进行，隧道沉降测量应每月 1 次，区间隧道贯通后应及时提供全线隧道的沉降变化曲线。

15.3.3 隧道收敛监测点每 5 环布设 1 处，初测应在隧道衬砌环脱出盾构台车后进行，隧道收敛测量应每月 1 次，区间隧道贯通后应及时提供全线隧道的收敛变化曲线。

15.4 监测控制值和预警

15.4.1 监测预警标准和预警等级应根据工程特点、监测项目控制值及施工经验等确定。

15.4.2 监测项目控制值应符合现行国家标准《城市轨道交通工程监测技术规范》GB 50911 的规定。

15.4.3 当监测数据达到预警标准时，应及时进行警情报送，并采取处置措施。

15.4.4 预警管理制度应根据监测预警等级和预警标准制定，预警管理制度应包括不同预警等级的警情报送对象、时间、方式和流程。

15.4.5 当现场巡查过程中发现下列警情之一时，应根据警情紧急程度、发展趋势和造成后果的严重程度按预警管理制度进行警情报送：

1 周边地表出现突然明显沉降（隆起）或较严重的突发裂缝、坍塌。

2 建（构）筑物等周边环境出现危害正常使用功能或结构出现过大变形、沉降、倾斜或裂缝等。

3 周边地下管线变形明显增长或出现裂缝、泄漏等。

4 隧道结构出现明显变形、较大裂缝、较严重漏水。

5 根据工程经验判断可能出现的其他警情。

15.5 资料整理和信息反馈

15.5.1 应及时进行监测数据的采集、处理和反馈，并建立监测数据库。

15.5.2 应结合施工和现场环境状况定期进行综合分析，并应绘制出环境变形、地表沉降、隧道沉降等时态曲线图。

15.5.3 应对时态曲线进行基于概论统计的分析，并对变形趋势进行预测。

15.5.4 监测成果应包括现场监测资料、计算分析资料、各种曲线图表和文字报告，资料完整清晰。

15.5.5 当次施测后应及时提交书面监测成果报告。

15.5.6 工程竣工后或监测工作完成后应提供监测技术总结报告。

16 施工管理

16.1 一般规定

16.1.1 施工前应成立质量、安全、环境保护管理领导小组，建立、健全管理体系，制定管理目标。

16.1.2 施工前应编写施工组织设计，经专家论证并审批后作为指导施工的依据。

16.1.3 施工前应对管理人员和施工人员进行分级安全教育与技术交底。

16.1.4 施工过程中应加强盾构施工信息化管理，进行施工和周边环境影响分析，及时调整施工参数。

16.2 质量管理

16.2.1 应制定测量与试验工作计划，并进行完整的测试、检查、试验等记录。

16.2.2 对工程主要材料及制品必须进行试验检验工作，确保其质量、形状、尺寸、强度、性能等符合要求。对容易破损、变质的材料，必须进行严格管理。

16.2.3 加强施工过程管理，对影响工程质量的主要因素应采取措施，确保工程质量。

16.2.4 对检验和监测中发现的不合格品，应按规定进行标识、记录、评价、隔离，防止非预期的使用或者交付。

16.3 安全管理

16.3.1 施工中必须严格遵守有关安全法规、设备操作规程与安全操作规程，严禁违章作业。遵守明火动用规定，做好防火、防爆工作。

16.3.2 作业场所应设置消防通道、消防水源，配备消防设施和灭火器材，并在现场入口处设置明显标志。

16.3.3 施工中应实施监控计划并建立巡视制度，应经常进行安全施工检查，并做好相应的记录和处理。

16.4 作业环境管理

16.4.1 施工作业环境应保证施工现场及周边环境安全、卫生、文明，减少噪声污染、光污染、水污染，杜绝重大污染事件的发生。

16.4.2 应根据盾构设备状况、地质条件、施工方法、进度、隧道掘进长度等选用合适的通风方式和通风设备和洞内降温措施，应设置空气质量监测仪表检测含氧量、可燃性气体、有害气体，确保满足作业人员的健康要求。施工作业气体应符合下列规定：

1 空气中氧气含量不得低于20%。

2 甲烷浓度应小于0.5%(按体积计)。

3 一氧化碳不应超过30 mg/m^3，二氧化碳不应超过0.5%(按体积计)，氮氧化物换算成二氧化氮不应超过5 mg/m^3。

16.4.3 作业场所应设置照明设施，洞内、洞口应安置足够的排水设备。

16.4.4 施工过程中应进行垃圾分类，实现固体废弃物的循环利用。设专人按规定处置有毒有害物质，禁止将有毒有害废弃物用于现场回填或混入建筑垃圾中外运。

16.4.5 应加强施工污染排放和资源消耗管理，定期进行检查或测量,并采取预控或纠偏措施。

16.5 应急管理

16.5.1 施工前应识别可能的风险因素,对工程中重大风险源进行详细排查,编制项目应急预案。

16.5.2 应根据应急预案进行综合演练和专项演练,对有效性和可操作性实施评价并改进。

16.5.3 发生事故时,应立即启动应急预案,实施应急响应,组织应急救援,并按照规定的程序、时间上报。

17 盾构机维修保养

17.1 一般规定

17.1.1 盾构机维修保养应包括再次使用前维修保养和施工过程中日常维修保养。

17.1.2 再次使用前维修保养应制定专项方案。

17.1.3 日常维修保养应遵循预防为主、状态检测、强制保养、按需维修、养修并重的原则。

17.1.4 应针对各类型盾构，识别维修过程中的关键工件、关键工序，并对关键工件、关键工序实施过程监控。

17.1.5 应做好盾构机维修保养现场的安全、消防、保卫、文明施工、环境保护等工作，并对设备采取防护措施。

17.1.6 工厂验收合格后，投入使用前应开展动态保养。

17.2 盾构机再次使用前维修保养

17.2.1 再次使用前维修保养应包括：切削刀盘、刀盘驱动系统、盾构机主机、中心回转接头、管片拼装机、螺旋输送机、推进系统、铰接系统、同步注浆系统、盾尾密封系统及各辅助设施设备维修保养。

17.2.2 盾构机维修保养后应进行总装及调试，并应符合下列规定：

1 盾构主机应装配合拢，后配套拖车和管线均应安装到位，铰接盾构应满足铰接系统试车条件。

2　盾构机调试应首先进行分系统调试,然后进行整机联动调试并确认连锁控制功能。

17.2.3　盾构机调试结束后应进行工厂验收,工厂验收应符合下列规定:

1　应根据验收大纲进行自检。

2　应审查自检报告、维修过程资料,按照调试验收大纲要求逐项检查盾构机功能指标,出具工厂维修验收合格证书。

17.3　盾构机使用中日常维修保养

17.3.1　试验掘进重载验收通过后,盾构机的保养与维修应由专业人员负责。

17.3.2　根据盾构机的设计、制造相关技术文件,应制定并实施日常保养与维修计划。

17.3.3　施工过程中应每日进行检查和停机维修保养,检查和维修保养工作应及时记录。

17.4　盾构机备品备件

17.4.1　应建立盾构机备品备件管理体系,合理储备备品备件。

17.4.2　盾构机备品备件的规格、质量应符合盾构机设计要求。

17.4.3　盾构机备品备件应按照仓储技术要求存储,并定期检查维护。

17.5　盾构机应急保障

17.5.1　盾构施工过程中应建立 24 h 盾构机应急保障体系,确保人员、物资及时响应。

17.5.2　应急保障工作应及时记录。

18　成型隧道验收

18.1　主控项目

18.1.1　隧道防水应符合设计文件的要求。

检验数量：逐环检验。

检验方法：观察检查及钢尺量测渗水面积，检查施工记录。

18.1.2　管片结构表面应无贯穿裂缝，无缺棱掉角及混凝土剥落现象，管片接缝应符合设计文件要求。

检验数量：全数检验。

检验方法：观察检查，仪器检查，检查施工记录。

18.1.3　衬砌结构严禁侵入建筑限界。

检验数量：每5环检查1个断面。

检验方法：全站仪、水准仪测量或隧道断面仪测量。

18.1.4　隧道轴线平面位置和高程允许偏差、检验方法和检验数量应符合表18.1.4的规定。

表 18.1.4　隧道轴线平面位置和高程偏差

检验项目	允许偏差(mm)	检验方法	检验数量
隧道轴线平面位置	±100	用全站仪测中线	每10环
隧道轴线高程	±100	用水准仪测高程	每10环

18.2　一般项目

18.2.1　隧道的允许偏差、检验方法和检验数量应符合表18.2.1的规定。

表 18.2.1　隧道的允许偏差、检验方法和检验数量

检验项目	允许偏差	检验方法	检验数量	
椭圆度(mm)	±5‰D	断面仪、全站仪测量	每 10 环	
环内错台(mm)	10	尺量	每 10 环	4 点/环
环间错台(mm)	15	尺量	每 10 环	4 点/环

本标准用词说明

1 为便于在执行本标准条文时区别对待，对要求严格程度不同的用词说明如下：

1） 表示很严格，非这样做不可的用词：
正面词采用“必须”；
反面词采用“严禁”。

2） 表示严格，在正常情况下均应这样做的用词：
正面词采用“应”；
反面词采用“不应”或“不得”。

3） 表示允许稍有选择，在条件许可时首先应该这样做的用词：
正面词采用“宜”；
反面词采用“不宜”。

4） 表示又选择，在一定条件下可以这样做的用词，采用“可”。

2 条文中指明应按其他有关标准执行时的写法为“应符合……的规定(或要求)”或“应按……执行”。

引用标准名录

1 《国家一、二等水准测量规范》GB/T 12897
2 《预制混凝土衬砌管片》GB/T 22082
3 《无机防水堵漏材料》GB 23440
4 《混凝土结构设计规范》GB 50010
5 《普通混凝土拌合物性能试验方法》GB/T 50080
6 《地下工程防水技术规范》GB 50108
7 《混凝土结构工程施工质量验收规范》GB 50204
8 《钢结构工程施工质量验收规范》GB 50205
9 《地下铁道工程施工及验收规范》GB 50299
10 《城市轨道交通工程测量规范》GB 50308
11 《盾构法隧道施工及验收规范》GB 50446
12 《城市轨道交通工程监测技术规范》GB 50911
13 《二氧化碳气体保护焊工艺规程》JB/T 9186
14 《聚氨酯建筑密封胶》JC/T 482
15 《聚合物水泥防水砂浆》JC/T 984
16 《预制混凝土衬砌管片生产工艺技术规程》JC/T 2030
17 《施工现场临时用电安全技术规范》JGJ 46
18 《遇水膨胀止水胶》JG/T 312

上海市工程建设规范

地铁盾构法隧道施工技术标准

DG/TJ 08—2041—2021

J 11317—2021

条文说明

2021　上海

目　次

Contents

1 总 则

1.0.2 参照国际隧道协会(ITA)的定义,隧道根据横断面面积大小可分为:极小断面隧道(2 m^2～3 m^2)、小断面隧道(3 m^2～10 m^2)、中等断面隧道(10 m^2～50 m^2)、大断面隧道(50 m^2～100 m^2)和特大断面隧道(大于 100 m^2)。本标准所规定的技术要求主要针对中等断面及以下的土压平衡盾构法隧道施工,大断面、特大断面盾构法隧道在管片制作精度、施工控制要求、测量以及监测要求等方面均存在不同。

4 盾构施工准备

4.1 前期调查

4.1.1 施工前，施工单位宜会同监理单位、监测单位、勘察单位等对施工地段、场区的工程地质、水文情况、不良地质等进行详细的排摸调查。当遇下列情况时，应组织再次勘察：

1 场区地形地貌与地质勘查报告不符的。

2 探明的土层情况、土体性质等力学参数明显与勘查报告不符的或差距较大的。

3 探明的地下障碍物、管线等与地质勘查报告有明显不符的或表述不明、缺失的。

4 探明的水文情况、承压水情况与地质勘查报告不符的。

5 其他与地质勘查报告描述明显不符的或存在争议项的。

4.2 技术准备

4.2.1 盾构法施工是一项涉及工程机械、电气监控、水文地质、化工建材等领域的综合性的施工技术，施工工艺、施工参数、辅助方法的确定关键在于是否全面掌握与工程有关的资料。在施工之前应全面了解地铁隧道的线路、埋深、工程地质与水文地质、环境条件，并据此编制施工组织设计和风险应急救援预案。

4.3 盾构机设备配置

4.3.1 盾构机设备配置需要综合考虑隧道长度、埋深、工程地质和水文地质条件、沿线地形、建(构)筑物、地下管线等环境条件以及地层变形的控制要求,结合掘进、衬砌、施工安全、经济和工期等因素,经综合分析确定。

4.3.7 盾构螺旋输送机设有前、后闸门系统,为应对螺旋输送机突涌、漏泥、漏砂等风险,后闸门系统应具有紧急关闭功能。螺旋输送机出土方式采用径向出土,设计出土闸门为一道。在盾构掘进土层中含有渗透系数较大的承压水层时,为减少上述风险,应提前考虑盾构机配套螺旋输送机闸门设计,优先采用双闸门系统,为螺旋输送机出土安全提供更好保证。

4.4 辅助设施准备

辅助设施不限于盾构机本身后配套,工作井以及工作井内的布置也在辅助配置考虑范围之内。

4.6 工作井

4.6.1 盾构始发工作井在施工准备期间用于组装、调试盾构,在隧道施工期间作为管片、其他施工材料、设备、渣土的垂直运输及作业人员的出入通道。始发工作井的平面净尺寸应满足上述要求。一般情况下,在盾构两侧各留 1.5 m 作为盾构安装作业的空间,同时在盾构的前后应留出洞口封门拆除、初期推进时出渣、管片运输和其他作业所需的空间。

4.6.2 从理论上来说,井壁预留洞口大小略比盾构的外径大一些即可(盾构外径含外壳突出部分),但考虑到井壁洞口的施工误差、隧道设计轴线与洞口轴线间的夹角、密封装置的需要,须留出足够的余量。接收工作井的有效宽度应大于盾构直径 3 m,有效长度应大于盾构主机长度 2 m。

4.6.3 根据盾构的安装、拆除作业、洞口与隧道的接头处理作业等需要，确定洞口底至工作井底板顶面的最小高度。始发、接收工作井的井底板通常低于洞门底标高 700 mm。

5 盾构施工测量

5.1 一般规定

为了指导盾构掘进和管片拼装符合设计要求，在盾构施工全过程中施工测量应提供盾构施工所需的施工测量控制点、盾构姿态和管片成环状况。

对自身具有导向测量系统的盾构，其盾构姿态和衬砌环状况，由该导向测量系统以施工测量控制点为起算数据，实时测量和计算，但施工测量控制点数据和稳定状况需要依靠人工测量方法确定。因此，对此类盾构应以人工测量方法确定施工测量控制点，用导向测量系统测定盾构姿态和衬砌环状况，而且应在一定的距离内用人工测量方法进行盾构姿态和衬砌环状况的检核测量，且提供修正参数。对自身没有导向测量系统的盾构，都应采用人工测量方法测定盾构姿态和衬砌环状况，并及时提供上述相关信息。

各厂家和各种型号的盾构结构与自身导向系统特点、精度不完全一样，而且个别差距很大，因此只有在充分了解盾构结构和自身导向系统特点、精度以及人工使用的大地测量仪器精度后，才能切合实际制定出科学可行的盾构施工测量方案。

5.2 地面控制测量

采用盾构施工，应了解施工地区坐标和高程系统，已有控制网布设的方法、层次和精度等情况，在此基础上，根据施工方案布设盾构施工加密控制网。地面已有控制网应不低于国家三等平面控制网和二等水准网技术要求。如果原有的控制网精度不能满足要求，则应布设独立的专用控制网，但该网应与该地区坐标和高程系统一致，且宜以该地区一个点的坐标和一条边的方位角为起算数据。因施工现场条件限制没有可利用的控制点，可建立完全独立的施工坐标系统，但施工完成后该网要与当地控制网及时联测，并纳入地方统一的控制系统中。

5.3 联系测量

5.3.2 地面近井导线和近井高程路线采用附合路线形式可进行路线检核、提高测量精度，同时也是为提高地面每一测量环节精度，要求近井导线和高程测量技术要求与精密导线测量和精密水准测量的主要技术要求一致。

5.3.4

1 一般盾构始发前也需要进行一次联系测量，但始发前观测条件较差，隧道内定向边较短，方位角误差比较大，一般掘进100 m后进行联系测量导入的定向边才适合指导后续掘进施工。

3 根据现行国家标准《城市轨道交通工程测量规范》GB/T 50308的规定，并结合各地盾构隧道的测量经验，当各次联系测量定向的地下起始边方位角较差小于12″时，可有效保证隧道的贯通。

5.3.5 联系三角形法和陀螺仪与垂准仪组合定向法一般应用于单工作井开挖且井口较小的施工条件；施工现场有两个工作井口或工作井敞口较大时，可采用两井定向法；工作井敞口较大时，可采用导线直传法；采用投点定向法的隧道地面须具备钻孔条件。

竖井定向测量方法对应的技术要求应符合现行国家标准《盾构法隧道施工及验收规范》GB 50446的规定。

1 联系三角形定向是传统定向测量方法，联系三角形定向精度可以按下列公式进行估算：

$$M_{\alpha\theta}=\pm\sqrt{M_{上}^2+M_{下}^2+\theta^2}$$

式中，$M_{上}$、$M_{下}$ 分别为地上、地下的连接误差，θ 为投向误差。根据现行国家标准《城市轨道交通工程测量规范》GB/T 50308 在地铁定向测量中限定的误差要求：

地上的连接误差 $M_{上}=\pm\sqrt{M_{\alpha DC}^2+M_{\varphi}^2+M_{\alpha}^2}$ ，一般为 5″

地下的连接误差 $M_{下}=\pm\sqrt{M_{\alpha 1}^2+M_{\varphi}^2+M_{\delta 1}^2}$ ，一般为 7″

投向误差 $\theta=\pm e/c\times\rho''$；当 c 为 5 m，e 为 0.5 mm 时，此时 θ 的中误差将达到 20.6″。

$$M_{\alpha\theta}=\pm\sqrt{M_{上}^2+M_{下}^2+\theta^2}=\pm\sqrt{5^2+7^2+20.6^2}=\pm 22.3$$

在上述总误差中，地上测量误差占 5%，地下测量误差占 10%，投向误差占 85%。欲提高定向精度，提高钢丝的投向误差是关键。为此，除满足上述联系三角形一般最有利的形状外，为减弱风流对悬吊钢丝的影响，沿隧道风流方向合理布设垂线位置可减小投向误差。另外，除布设单一联系三角形外，也可采用布设组合联系三角形的方法，提高地下起始边的定向精度。

2 当采用陀螺仪与垂准仪组合定向法时，其定向精度取决于陀螺仪本身的定向精度。该方法的特点是：陀螺仪定向以前的各个环节的方向测量误差不累计，垂准仪投点误差比较大，但其作为一个误差常量影响贯通误差。

陀螺仪与垂准仪组合定向采用双投点、双定向的作业方法，使用一次定向中误差小于 20″的陀螺仪，三次定向平均值的定向中误差为±12″。如果采用定向精度比较高的陀螺仪进行定向，一次定向中误差可以达到 5″以下。现代的陀螺定向已实现全自动定向，在定向精度、定向操作上都有了很大提高和改变，与传统定向测量相比精度高、速度快。

3　当采用两井定向法时，两个工作井中悬挂的钢丝距离宜取满足测量条件的最大值；也可采用铅垂仪代替钢丝，投点中误差为±2 mm；架设钢丝时，按联系三角形法的相关要求测量钢丝的平面坐标。当采用垂准仪代替钢丝时，每次在基座旋转120°的3个位置，对垂准仪的平面坐标各测一测回；地下两投测点之间沿连通最短路径布设精密导线，并按照本标准第5.2.3条第2款要求施测。两井定向的数据按照无定向导线平差方法计算处理；两次测定的地下起始边方位角较差不大于12″，方位角平均值中误差为±8″。

4　当采用导线直传法时，按本标准第5.2.3条第2款的要求进行；独立测量2次，地下定向边方位角互差不大于12″，平均值中误差为±8″；宜采用具有双轴补偿的全站仪，无双轴补偿时进行竖轴倾斜改正；垂直角不大于30°；仪器和觇牌安置宜采用强制对中或三联脚架法；测回间检查仪器和觇牌气泡的偏离情况，气泡偏离超限时重新整平。

5　当采用投点定向法时，如采用钢丝或垂准仪利用工作井或钻孔投点测量时，投测的两点相互通视，其间距不小于60 m；架设钢丝或垂准仪投点时，独立测量3次，并按两井定向的相关要求测量钢丝或垂准仪中心的平面坐标；与钢丝或垂准仪的联测要符合本标准第5.2.3条第2款规定；投点中误差为±3 mm。两次地下定向边方位角互差不大于12″，平均值中误差为±8″。

5.3.6　采用悬挂钢尺法、电磁波测距三角高程法、水准测量法和电磁波测距法进行导入高程测量时，应符合下列规定：

1　当采用悬挂钢尺法时，一般地面、地下的两台水准仪同时读数，并在钢尺上悬吊与检定钢尺时相同质量的重锤；传递高程时独立进行3次测量，高程较差不大于3 mm；计算高差时，进行温度、尺长纠正。

2　当采用电磁波测距三角高程法和水准测量法时，测量精度应符合本标准第5.2.3条第3款的规定。

3 当采用电磁波测距法时，应使用Ⅰ级全站仪，距离测量值应进行常数改正和气象改正；高程传递应独立进行三测回，测回间应检查仪器气泡的偏离情况，气泡偏离超限时应重新整平；测回间应变动仪器高，三测回测得地上、地下水准点间的高差较差应小于 3 mm。

5.4 地下控制测量

5.4.3 根据测量实践，盾构掘进 60 m 后隧道结构已经趋于稳定，在稳定处设置地下控制点。控制点的稳定情况可通过重复测量确定，一般不少于 3 次。控制点可在隧道两侧交叉设置，在曲线隧道特别是在连续同向曲线隧道，要注意旁折光的影响，而控制点间视线距隧道壁及隧道内设施大于 0.5 m 可有效避免旁折光的影响。直接用于盾构施工测量的控制点，可设置在隧道两侧或顶、底板上便于观测的位置。

5.4.6 对导线折角规定测左、右角的主要原因是：增加测站检核条件和提高测角精度。

5.4.10 当贯通限差要求不变，隧道贯通距离大于本标准规定的长度时，应采取下列措施增强地下控制网强度，提高测量精度：

1 地下控制测量布设形式可以采用图形强度比较高的布网形式。

2 在地下导线测量中，加测一定数量的陀螺方位角，可以限制测角误差的积累，提高定向精度。同时，在某些受旁折光影响大的导线边上加测陀螺方位角，还可以消除和减弱系统误差对方位的影响。

5.5 掘进施工测量

5.5.3 一般盾构导向系统测量没有测量中误差显示，可认为其测量中误差与人工测量精度相同。取人工测量的点位测量中误差为 m，按误差传播理论，人工测量与盾构导向系统测量的较差中误差为 $\sqrt{2}\,m$，其较差的限差为 $2\sqrt{2}\,m$。

5.5.4 有条件时，宜在盾构上设置两套测量标志，以便于检核和提高测量精度。标志点应均匀布置，点位间距宜大于 30 cm。

5.5.5 人工测量方法对导向系统的检核频率一般每掘进 100 环复核一次，当曲线段掘进时应加密检核频率；若出现导向系统故障、盾构姿态与衬砌环姿态误差超过 15 mm 等情况时，也应进行检核校正。

5.5.8 衬砌环姿态测量应符合下列规定：

1 盾尾间隙测量是提供衬砌环拼装偏差及修正参数，为下一环管片选型，修正管片拼装位置，确保拼装位置正确的重要工作。测量点位一般沿环向均匀设置不少于 4 个。

2 衬砌环与盾尾脱离后测定衬砌环姿态，主要提供衬砌环安装初始位置偏差状况和修正参数。衬砌环安装后的变形状况由监控量测提供。

5.6 贯通测量

5.6.1 贯通测量误差反映了盾构施工控制测量的质量，其误差应满足隧道贯通测量限差的要求。

5.7 竣工测量

5.7.1 隧道贯通后进行贯通导线的附合路线测量，并重新平差后，可为断面测量、限界测量、铺轨测量和设备安装测量等提供较高精度的测量控制点。

5.7.2 竣工测量工作内容可根据设计要求选择，平面偏差、高程偏差是指相对于衬砌环设计轴线的偏差。

5.7.3 常用的竣工测量方法包括全站仪解析法和断面仪法。全站仪解析法可在一个测站进行多个断面的测量，测站迁移后应对上一站所测断面进行抽测。采用断面仪法时，应对每个断面的隧道中线点进行放样，并联测高程。

随着新技术、新方法的应用，近景摄影测量法和三维激光扫描法也应用于隧道竣工测量，其测量结果能更为全面、细致地反映隧道结构。采用近景摄影测量和三维激光扫描时，标靶点的测量中误差为±10 mm。

6 盾构始发接收段地基处理

6.1 一般规定

6.1.2 盾构始发、接收段地基处理一般采用水泥系地基加固工法；当外部环境制约导致水泥系加固无法满足工程要求或受风险地层影响时，宜采用水泥系与冻结复合的地基加固处理工法。

本市范围内风险地层是指$④_2$、$⑤_2$、$⑦_2$等粉土、砂土地层，$⑤_{1\text{-}t}$、$⑤_{3\text{-}j}$视作$⑤_2$，浅层砂层与$④_2$、$⑤_2$、$⑦_2$层有水力联系的按$④_2$、$⑤_2$、$⑦_2$层考虑，地基加固应充分考虑地基加固范围及其下卧层 2 m 范围内是否存在风险地层。当盾构始发、接收存在超深埋、上下行线叠交、盾构曲线段始发或接收等特殊工况时，宜按始发、接收风险工况进行考虑。

6.2 水泥系地基加固

6.2.2 根据施工经验，一般工况下盾构始发、接收段水泥系地基加固范围如下：

1 盾构始发段水泥系地基加固范围一般为沿区间隧道纵向方向 6 m，自工作井预留洞圈上、下、左、右各外放 3 m；当加固范围内上、下行线隧道线间距小于 15 m 时，应连续加固。一般工况盾构始发段水泥系地基加固示意图见图 1。特殊工况盾构始发段水泥系地基加固须制定针对性方案。

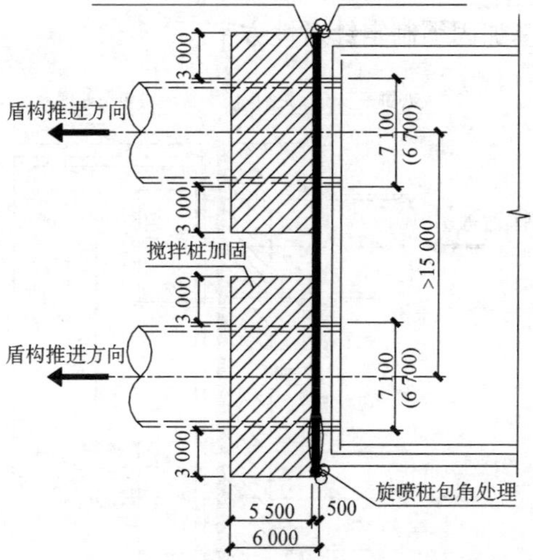

(a) 平面图

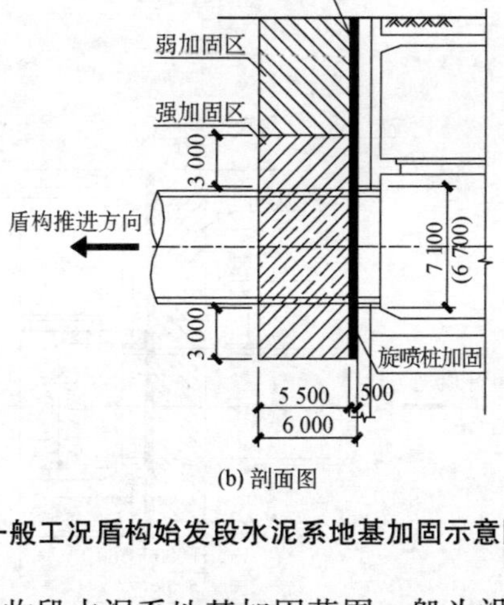

(b) 剖面图

图 1　一般工况盾构始发段水泥系地基加固示意图(mm)

2　盾构接收段水泥系地基加固范围一般为沿区间隧道纵向方向 3.5 m，自工作井预留洞圈上、下、左、右各外放 3 m。当加固范围内上、下行线隧道线间距小于 15 m 时，应连续加固。一般工况盾构接收段水泥系地基加固示意图见图 2。特殊工况盾构接收段水泥系地基加固须制定针对性方案。

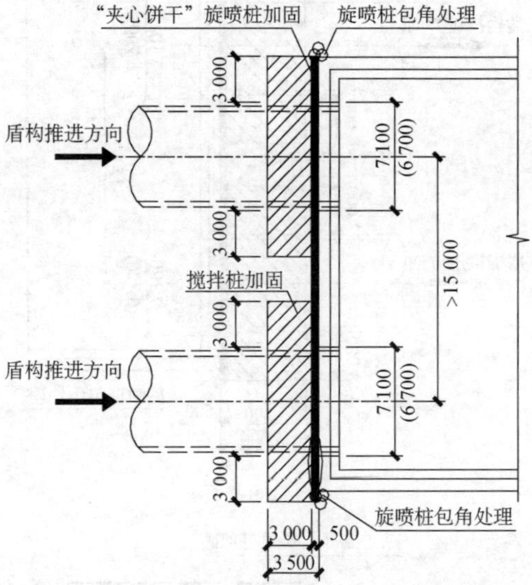

(a) 平面图

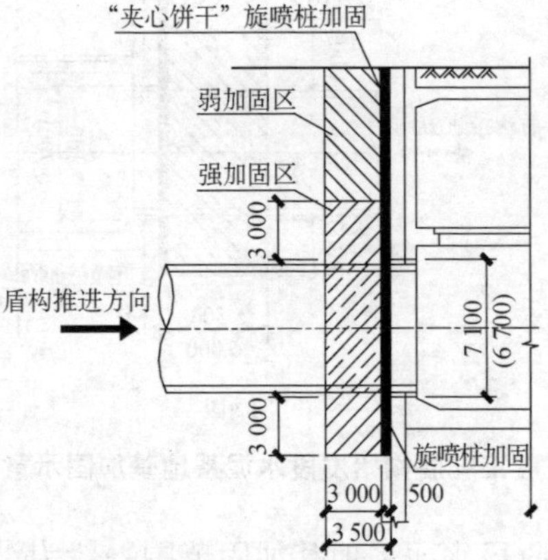

(b) 剖面图

图 2　一般工况盾构接收段水泥系地基加固示意图(mm)

6.2.3 当采用旋喷桩、搅拌桩加固时，为确保洞口外土体加固处理的均匀，应控制桩位的正确和桩体相互搭接，必须对加固的钻孔布置进行复核，对钻孔的垂直度偏差、水平偏差进行控制。

6.2.5 工作井与围护结构接合处即通常所说的“夹心饼干”及包角位置，一般采用旋喷桩工法进行补加固施工。

6.3 水泥系与冻结复合工法地基处理

6.3.1 针对本市具体工程地质情况，结合既有施工经验，盾构始发、接收段复合工法地基处理宜采取以下控制措施：

1 冻结加固应考虑土层冻胀与融沉对地下管线、周边环境及隧道结构等的影响。

2 冻结期间，冻土帷幕外 200 m 区域内不宜有降水活动；当必须进行降水作业时，需充分考虑降水的不利影响，并采取有效的控制措施。

3 受风险地层影响时，盾构始发段水泥系加固长度一般为沿区间隧道纵向方向 6 m～10 m；盾构接收段水泥系加固长度一般为沿区间隧道纵向方向大于盾构机长度，宜大于盾构机加一环管片长度，一般取 10 m。水泥系加固宽度和深度一般为自工作井预留洞圈上、下、左、右各外放 3 m，冻结加固深度不宜超过水泥系的加固深度。

4 冻结加固常见的冻土帷幕形式主要有杯形冻结、筒形冻结和板块形冻结等，如图 3 所示。杯形冻结和筒形冻结一般适用于水平冻结，板块形冻结一般适用于垂直冻结。

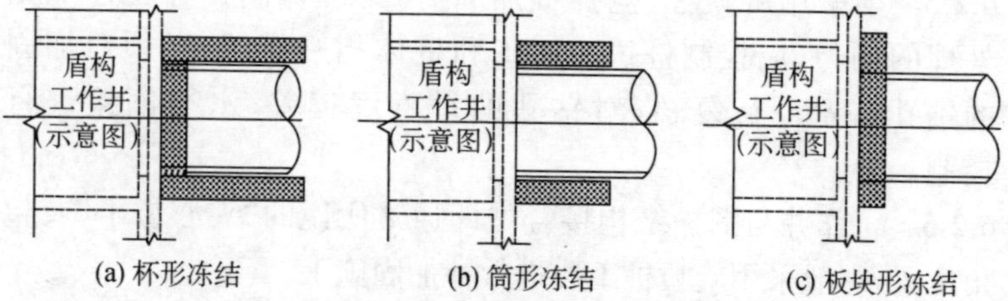

图 3　冻土帷幕形式示意图

6.4　地基处理质量检查与验收

6.4.2　盾构始发、接收段水泥系地基加固的强度和均匀性必须经现场钻孔取样检测。由于桩体搭接处是施工的薄弱点,故应从桩体搭接处钻孔取样,判断加固体的均匀性和抗渗性,并做抗压强度检测。

6.4.4　由于旋喷桩、搅拌桩、冻结法加固体与盾构工作井洞门的搭接处是薄弱点,易发生渗漏水。在洞门拆除前,在洞门上打水平探孔,观察洞口外加固土体的抗渗性很有必要。如发现有渗漏水,必须采用注浆、冻结等补加固措施。

7 管片制作

7.1 一般规定

7.1.1 管片生产推行全过程质量控制是确保管片质量稳定并不断改进的最基本条件。此外，管片生产还需建立安全生产和绿色生产的相关制度，并配备相应的设施或设备。

7.1.2 管片生产设备和设施，如混凝土搅拌、运输、振捣、养护和管片起吊等设备，应定期进行检定或测试，满足生产要求后方可使用。

7.1.4 专项生产技术方案应对涉及结构安全和人身安全的内容作出明确的规定，其目的是在保证安全的前提下使管片生产有序、安排合理，采取各种预控措施以保证质量。

7.2 准备工作

7.2.5 管片生产单位结合企业自身状况按照生产工艺实施信息化管理，并配备相应人员。

7.3 原材料

7.3.1 根据现行国家标准《预制混凝土衬砌管片》GB/T 22082及上海多年来管片制作经验，细骨料细度模数为2.3～3.1，含泥量不应大于1%，不允许有泥块存在，硫化物和硫酸盐含量不大于1.0%，氯离子含量不大于0.01%。

粗骨料压碎指标小于12%，含泥量不应大于1%，针片状含量不宜大于12%，硫化物和硫酸盐含量不大于1.0%。

7.4 钢 模

7.4.1 钢模是保证混凝土管片成型质量的关键，正常使用条件下，要求模具在设计周转次数内不变形，以满足反复振捣、高温和温度重复变化等抗疲劳性能的要求。

7.4.2 钢模验收是检验模具质量的关键环节。因此，在试生产过程中，必须采用随机抽取的方式进行水平拼装检验。钢模验收必须具有完善的技术文件，并形成相应的质量记录。

7.4.3 管片模具周转100次后可能会超出规定的偏差，因此，应对模具进行量测及整修，并对验收标准提出明确要求。

模具是保证管片质量的最重要的环节，其材质和制作精度要求高，在实际生产中，不仅要对模具进行实测实量，还应考虑荷载和振动等影响因素，经水平拼装验收合格后方可继续生产。

由于管片的检测以原始出厂数据为依据，且不同批次的管片因检测工具的不同会带来可能超过预期的偏差。因此，管片厂家在采购和验收模具时，应要求模具制作厂家提供配套的数据和工具。

7.5 钢筋骨架

7.5.1 钢筋骨架采用焊接方法成型，钢筋连接牢固，骨架强度高，不变形。由于弧形骨架加工尺寸不易保证，所以要求骨架必须试制，检验合格后才能批量制作，且应在预先制作好的胎模上进行骨架成型，以便于保证骨架的成型精度。

管片钢筋必须严格按设计图纸加工，不得随意改动。管片主筋呈弧形，加工时应防止出现翘曲，以免影响骨架质量；对钢筋弯钩、弯折和箍筋的弯弧内直径、弯折角度、弯后平直部分长度应提出要求。

上述各项对于保证钢筋与混凝土协同受力非常重要；以盘条供应的钢筋使用前需要调直。调直宜优先采用机械方法，以有效控制调直钢筋的质量；也可采用冷拉的方法，但应控制冷拉长度，以免影响钢筋的力学性能。

7.5.2 钢筋骨架是混凝土管片的主要受力结构，本条对其焊接质量和成品验收提出要求。

2 在正式焊接之前，应采用与生产相同条件进行焊接工艺试验，以便了解钢筋焊接性能，选择最佳焊接参数。每种牌号、每种规格钢筋至少做1组试件。当不合格时，应改进工艺，调整参数，直至合格为止。

3 为了防止焊接部位产生夹渣、气孔等缺陷，在焊接区域内应清除钢筋表面锈蚀、油污等。

7.5.3 钢筋骨架安装应严格控制钢筋保护层，并注意不要损坏模具，安装后要进行验收，合格后方可浇筑。钢筋隐蔽工程的验收内容还包括钢筋的连接方式、接头位置、接头数量和接头面积百分率等。

7.6 混凝土

7.6.1 **1** 混凝土应根据实际采用的原材料进行配合比设计并按现行国家标准《普通混凝土拌合物性能试验方法》GB/T 50080等标准进行试验、试配，以满足混凝土强度、耐久性和工作性的要求，同时应符合经济、合理的原则。低坍落度有利于减少管片裂缝的出现，因此坍落度不宜大于70 mm。

2 根据现行国家标准《地下铁道工程施工及验收规范》GB 50299中关于防水混凝土的规定，防水混凝土的水泥用量不得少于280 kg/m^3。本标准根据目前混凝土技术水平的发展现状提出，在管片混凝土的各项性能满足设计要求和施工实际需要的前提下，可适当减少水泥用量。

3 对混凝土中碱含量和氯离子含量加以限制和确保管片的抗渗等级是保证管片耐久性的有效措施。现行国家标准《混凝土结构设计规范》GB 50010 以及《混凝土结构工程施工质量验收规范》GB 50204 对此都有明确的规定，应遵照执行。

7.6.2 混凝土生产与运输是保障管片混凝土质量的重要环节。

4 复合纤维混凝土施工工艺与常规混凝土相同，根据不同纤维的种类应当进行准确的计量并调整混凝土搅拌时间，以聚丙烯粗纤维为例，其混凝土搅拌时间应适当延长 30 s～120 s，以使纤维充分混合，并保证混凝土充分振实。

5 遇特殊情况(停电、设备故障等)，间断时间不得超过已浇筑的混凝土的初凝时间。

7.6.3 管片混凝土浇筑环节直接影响管片成型质量。

3 施工经验表明：初凝前压面有利于减少混凝土表面的塑性裂缝。对于完成混凝土浇筑的外弧面，应强调压面密实。

4 留置检验混凝土强度的试件作为验证配合比的依据，如果混凝土采取加热养护，则该试件应与混凝土完成同条件加热养护后再转标准养护至 28 d，留置同条件养护试件作为脱模或检查养护效果的依据。

7.6.4 鉴于厂家用于预制盾构管片生产的混凝土中都使用了掺合料，因此根据现行有关标准，对出模后的管片应进行养护，且养护周期不宜少于 14 d。混凝土养护不当易导致混凝土塑性开裂，因此需要对养护环节进行规定。

1 混凝土养护可采用加热养护或自然养护，但无论哪种养护方式，均需采取保湿措施以起到减少表面裂缝的效果。

3 管片脱模前应进行混凝土起吊强度检测，强度检测结果应大于混凝土设计强度的 40%。出模后的管片可采用水中养护、喷淋养护、涂刷养护剂养护或其他可以达到预期养护效果的方法;在条件允许时,优先采用水中养护,水中养护的时间不宜少于7 d。但对于采用保湿养护特别是水中养护时,要避免管片内部温度与水温存在过大温差而导致混凝土开裂。对于冬季施工期间生产的管片,宜采用适当的措施进行保温和防护。

7.7 钢筋混凝土管片

7.7.2 钢筋混凝土管片质量包括结构性能、混凝土强度和抗渗等级、外观质量、几何尺寸和主筋保护层厚度允许偏差,以及水平拼装检验允许偏差等方面。

1 管片的成品检验包括:局部承压、抗弯和检漏等任何以单个管片为试验对象进行的所有检验,所有成品的检验均按照设计要求进行。

3 吊装预埋件是管片拼装时的主要受力件,因此,应对其进行抗拉拔试验。

4 本标准依据钢筋混凝土管片在隧道内受力的实际情况,并参考现行国家标准《混凝土结构工程施工质量验收规范》GB 50204 中表 8.1.2 的内容确定。钢筋混凝土管片正常生产中,露筋、孔洞、疏松、夹渣、有害裂缝、缺棱掉角、飞边、蜂窝等属于较严重质量缺陷,故不应有。此外,管片外观最常见的缺陷有气泡、细小裂缝、局部少量麻面或掉皮、棱角处和预埋件周边少量飞边和缺棱掉角问题,经修补后可满足设计要求,故在一定范围内允许存在。

7.8 钢管片

7.8.1 由于二氧化碳气体保护焊与其他焊接方法相比,有焊接变形小、质量好、生产效率高、操作性能好等优点,为保证质量,本条规定了钢管片的焊接方法。

7.8.2

3 为确保焊接质量，主要焊缝应进行着色探伤或磁粉探伤。主要焊缝是指钢管片两侧面板与两端面板间的焊缝，以及它们与顶弧板之间的焊缝。

7.9 贮存与运输

7.9.1 场地不平整容易产生局部应力过大，从而导致管片变形或破坏。

7.9.2 管片码放高度的确定需要结合存放场地的地基承载力、管片出模强度和管片承压强度等相关因素验算后确定。当采用内弧面向上的方法贮存时，各层垫木应位于同一直线，两条直线相交于管片圆心。采用单片侧立方法贮存时，上、下层管片应一一对应，不得错位。

7.9.4 管片翻转时应使用柔性材料保护，并避免柔性材料对管片表面造成污染或损伤。管片运输设备上应设有卡槽，并应在卡槽与管片以及管片之间均应垫入通长木方，每层支撑点应在同一平面上，各层支垫物应在同一直线上，并应用钢丝绳或夹具将管片与车体绑扎牢固，接触部位的管片应采用柔性垫衬材料保护。

7.11 现场验收

7.11.2 管片缺陷可参照现行行业标准《预制混凝土衬砌管片生产工艺技术规程》JC/T 2030 的规定修补，混凝土管片外观质量应满足表 1 的规定。

表 1 混凝土管片外观质量交货验收标准

序号	项目	质量要求
1	贯穿性裂纹	不允许

续表1

序号	项目	质量要求
2	拼接面裂纹	拼接面方向长度不超过密封槽、且宽度小于 0.2 mm
3	非贯穿性裂纹	内表面不允许，外表面裂纹宽度宽度小于 0.2 mm
4	内外表面露筋	不允许
5	孔洞	不允许
6	粘皮、麻面、蜂窝	当表面粘皮、麻面、蜂窝的总面积不大于表面积的 5%时，允许修补
7	疏松、夹渣	不允许
8	缺棱掉角	不应有，边长 5 mm～50 mm 范围内，允许修补
9	环、纵向螺栓孔	畅通、内圆面畅通，不得有塌孔
10	气泡	密封槽部位不得有气泡，允许修饰； 拼接面部位直径大于 3 mm 全部修饰； 其他结构面直径大于 5 mm 全部修饰
11	混凝土剥落	长度 30 cm、宽度 20 cm、深度 5 cm 范围内允许修补，超出范围做报废处理

8 盾构机进退场及组装验收

8.1 一般规定

8.1.2 盾构机进退场方案应完成安监站申报工作，施工前 3 d 报安监站备案后方可实施后续现场施工。应包含：

1）市政、公路、燃气工程重点项目质量、安全监控备案申报表。

2）市政、公路、燃气工程重点项目质量、安全监控备案登记表。

3）施工方案及批复。

4）吊装令。

5）监理报审表。

盾构机进退场前应根据盾构部件情况、场地条件等因素，由施工方制定详细的盾构运输、吊装、临时用电及特殊工况的专项方案。应包含：

1）盾构机运输方案应根据盾构机运输路径、道路通行、场地情况、发运和到货时间等条件编制，并根据盾构部件外形、尺寸、重量等确定车上装载固定及保护措施，并编制装卸作业计划。

2）盾构机吊装方案应根据盾构机部件重量、重心、外形尺寸、施工场地布置及吊装场地的地基承载力检查数据等条件编制，并对拟选用的吊机、吊索、吊具及吊耳等的承载能力进行验算，必要时应组织专家评审。

3）盾构机进退场临时用电方案应根据项目使用的用电机具设备及施工场地布置等情况编制，并符合现行行业标准《施工现场临时用电安全技术规范》JGJ 46 的规定。

4）针对盾构机进退场过程中的特殊工况应制定专项方案。

8.2 盾构机进退场

8.2.1 踏勘施工现场的场地布置时，应明确人工通道、物料通道、运输通道、盾构临时安放位置及吊装区域。

8.2.2 盾构机进退场所需照明、用电配置、给排水配置、机电设备及管线应准备就绪。

8.3 盾构机组装调试

8.3.3 盾尾运抵现场组装前应对盾尾支撑情况和盾尾圆度进行检查。盾尾组装时应先进行盾尾定位，并检查盾尾与整机的直线度，满足盾构设计要求后再进行焊接。焊接完成后应对盾尾的直线度、圆度和盾尾间隙进行测量复核，确保满足盾构设计和施工要求。

8.4 盾构机验收

井底功能验收和试掘进验收，应按照盾构机主要功能及使用要求提出的验收大纲，分系统逐项进行验收。验收项目包括：刀盘；刀盘驱动；盾构主机；管片拼装机；螺旋输送机；推进系统；铰接系统；人舱和保压系统；盾尾密封系统；管片输送系统；皮带运输系统；同步注浆系统；泡沫、加泥注水、聚合物等系统；电气系统；液压系统；导向系统；有害气体监测系统；数据采集、远程通信系统、视频监视系统；消防器材。

1 刀盘应符合下列规定：

1）刀具应无缺失、缺损；刀具装配应牢固；刀具硬质合金焊接可靠坚固;刀具安装螺栓拧紧扭矩应达到设计扭矩。

2）刀盘结构应无明显变形、裂缝,盘面外形尺寸检测复核,刀盘盘面硬质合金堆焊应无缺陷;刀盘连接用高强度螺栓安装应达到设计扭矩。

3）刀盘添加剂喷口、止逆阀应无缺损;内部管路应畅通,无泄漏。

4）刀盘中心回转轴的圆跳动应满足设计要求。

5）仿形刀系统伸缩行程及位置检测功能正常。

2　刀盘驱动应符合下列规定:

1）刀盘驱动主轴承密封油脂泵送正常;刀盘驱动主轴承箱、减速器箱的油位满足设计要求。

2）刀盘正反转应可调速,运行时应平稳、无异常响声。

3）油脂润滑系统的油脂压力、油脂脉冲累计量等数据显示正常;土砂密封温度监测功能正常。

3　盾构主机应符合下列规定:

1）盾构壳体无明显变形,盾构壳体直线度、盾尾圆度在设计公差范围内,盾尾内表面平整,盾尾间隙应符合设计要求。

2）焊缝质量应符合设计要求,焊缝探伤应按设计要求进行。

3）与土体接触的壳体处的阀件、管路应完好无损,无泄漏。

4）正面土压传感器、推进行程、铰接行程、推进铰接油缸编号、注浆口、注浆压力传感器、刀盘添加剂喷口、仿形刀角度、盾尾油脂口的显示应准确,且位置与实际位置对应。

4　管片拼装机应符合下列规定:

1）回转支撑结构应定位准确,运行平稳;抓取装置安全可靠,声光报警功能正常。

2）试车时,拼装机各项功能应动作正常,安全联锁、限位及系统参数调定应符合设计要求。

5 螺旋输送机应符合下列规定：

1）螺旋机筒体内壁、螺杆的尺寸及硬质合金堆焊应满足设计要求。

2）螺旋机驱动密封油脂泵送正常；螺旋机减速箱油位满足设计要求。

3）螺旋机正反向旋转运转平稳，调速正常。

4）螺旋机伸缩油缸、前后闸门及位置检测装置应符合设计要求，后闸门紧急关闭功能正常。

6 推进系统应符合下列规定：

1）油缸行程传感器应显示准确，液压油缸应做摒压试验，试验结果应符合设计要求。

2）推进分区油压调压应准确；油缸动作平稳、无抖动。

7 铰接液压系统应无泄漏，铰接密封油脂应泵送正常，系统功能正常。

8 人舱和保压系统应满足设计要求，并进行试压；内部管路、通信和照明功能完好。

9 盾尾密封系统应符合下列规定：

1）盾尾刷规格质量及安装应符合设计要求。

2）盾尾刷预涂油脂应均匀、密实。

3）盾尾油脂管路通畅，泵送及油脂压力检测正常。

10 管片输送系统设备动作正确、运行顺畅、限位正常。

11 皮带运输系统运转平稳，无皮带跑偏现象；系统预警、急停功能正常。

12 同步注浆系统应符合下列规定：

1）注浆管路通畅，注浆应可调速，控制系统满足均匀注浆要求，注浆计量显示正常。

2）浆箱应清洁，搅拌系统运转正常。

3）应进行泵送试验。

13 泡沫、加泥注水、聚合物等系统管路及喷嘴应通畅，并做泵送试验。

14 电气系统应符合下列规定：

1）电器及电缆安装应牢固、整齐，接地符合设计要求。

2）电机和电缆绝缘电阻应符合安全标准。电器的漏电保持、照明、声光报警、安全保护等装置应完好。

3）电气装置防水防尘满足设计要求。

15 液压系统应符合下列规定：

1）主油箱油品规格、质量、清洁度应符合设计要求，油箱油位、温度正常。

2）液压泵站、油冷凝泵及热交换器功能正常。

3）管路通畅无泄漏，阀件、密封、传感器、压力开关、压力表及滤芯应功能正常。

16 导向系统的测绘仪器应进行检验，并提供校准证书，系统功能正常。

17 有害气体监测系统的仪器应进行检验，并提供校准证书；有害气体应至少包括 CH_4/CO、H_2S。

18 数据采集、远程通信系统、视频监视系统功能正常。

19 消防器材应布置合理；盾构照明灯具数量、规格、照度应符合设计要求，宜采用低压直流供电；应急照明功能正常，照明时间应符合国家现行标准；隧道通风系统功能应正常。

9　盾构始发和接收

9.1　一般规定

9.1.1　盾构始发、接收施工前应复核洞圈的平面和高程位置、洞圈轴线是否符合设计要求。若偏差值较大的，应及时上报并商定线路调整措施。

9.1.3　盾构基座的形式应根据盾构的重量、直径、隧道线形、工作井尺寸、盾构进出洞口地质情况，并考虑盾构对其产生的偏心压力和水平推力的最不利组合进行设计。一般来说，城市轨道交通盾构基座采用钢结构。

9.2　盾构始发

9.2.4　盾构姿态的稳定和负环的正确定位是保证盾构始发进入地层并沿设计轴线掘进的前提，管片的环面和隧道轴线应根据隧道轴线和管片形式综合分析确定；当盾构进入软土时，盾构可能下沉，可根据预估下沉量适当提高水平标高；负环拆除的受力条件为已拼装成型隧道的管片的摩阻力大于盾构实际推力。

9.2.6　盾构刀盘切口靠上加固土体时，应及时根据计算的盾构中心水土压力理论值设置土仓内的土压力，建立起土舱内外的土压平衡。

9.2.9　采用钢套筒始发时应符合下列规定：

4　洞门凿除在套筒内部进行，需要粉碎性凿除；应分阶段快速完成，降低施工风险。

6　钢套筒拆除前，应准备好足量的弧形钢板。逐步分块割除钢套筒与洞门钢圈的连接件，割除后及时用弧形钢板将管片外弧预埋的钢板与洞门钢环焊接，形成挡水钢板，直至全部割除、焊接完毕。

9.3　盾构接收

9.3.2　盾构刀盘在加固体内掘进时，可根据刀盘扭矩数据大小采取减阻措施。如扭矩异常升高，采用水泥系进行地基加固的，可在刀盘前端加注清水或膨润土浆液，采用冻结法加固的，可在刀盘前端加注热盐水。如发现盾构总推力异常升高，一般是因为盾构外壳凸起的同步注浆孔阻力过大造成，可适当开启超挖刀以减小同步注浆孔阻力，超挖刀伸出长度及位置可根据盾构姿态及总推力大小确定，超挖刀开启位置一般应在上部同步注浆孔位置。应严格控制掘进速度，一般不宜超过 1 cm/min。

9.3.6　采用钢套筒接收时应符合以下规定：

2　钢套筒拼装前应根据洞门中心轴线修整盾构接收井下场地。钢套筒中心轴线与洞门中心轴线应一致，偏差不应大于 10 mm。钢套筒内侧底部 60°范围内宜焊接锚固筋，并浇筑砂浆基座，厚度取决于盾构外径与钢套筒内径之间的均匀间隙。

8　确保隧道结构无渗漏后先排空钢套筒内填料，方可拆除钢套筒。拆除钢套筒时应先拆除钢套筒连接环，拆除时应从上到下逐块拆除，并依次使用钢板焊接管片（背负钢板）与钢洞圈间隙。钢洞圈封闭后再逐步拆除钢套筒反力支撑体系、后端板、标准环上部半圆筒体。盾构机本体拆解吊出后，拆除标准环下部半圆筒体。

9.3.7　采用明洞接收时应符合以下规定：

1　由于加固区长度不足或地质条件复杂，刀盘推出地墙时不能进行注浆封堵渗漏通道，采取明洞接收是一种较为理想的进洞措施。明洞实质就是隧道在车站内的延伸。明洞为钢筋混凝土结构，混凝土采用C30或C35，与车站内衬结构相连，顶板预留2个观察孔，用钢板封闭，封闭的钢板上有泄压球阀。

3 洞门破除完成后，明洞内回填砂浆，回填砂浆为两部分：底部回填高度应高出洞圈底部，对盾构机起到承托作用；上部回填砂浆主要起到阻水作用，强度要求不高与粉质黏土接近即可，但要求和易性好，填充之后均匀。砂浆配合比一定要合理，砂浆强度高时，阻水能力好，但盾构推进十分困难；砂浆强度低时，阻水性差，承压水层接收，容易渗漏，打环箍难度大。

9.4 特殊工况盾构始发和接收

9.4.1 富水层中进出洞施工一般是指邻近或穿越富含饱和潜水、承压水的砂质土、粉质土等地下水流动性好的土层的盾构进出洞施工。在富水层中进出洞施工，由于地下水的流动性好，可能引起地下水大量渗漏，严重时可能导致孔口坍塌，造成严重事故，故在施工时必须做好防范措施。

9.4.2 超浅埋(超深埋)条件下盾构始发和接收应符合下列规定：

1 抗浮稳定性不满足设计要求时，可采用增加压重或设置抗浮构件等措施。在整体满足抗浮稳定性要求而局部不满足时，也可采用增加结构刚度的措施。

9.4.4 采用割线法始发、接收时，割线连接的曲线线形宜做出相应调整，推荐在小半径曲线与割线之间增加缓和曲线以保证小半径曲线与割线之间平滑过渡。

9.5 井接头施工

9.5.1 井接头施工必须在洞圈临时止水完成、洞圈处渗漏得到处理，无渗漏、线漏、滴漏后及时进行。

10 盾构掘进施工

10.1 一般规定

10.1.1 盾构始发掘进阶段是指盾构机从工作井内始发基座开始到盾构掘进、管片拼装、壁后注浆、渣土运输等全工序展开到运行达到全面磨合后的施工阶段，一般为 100 m。盾构正常掘进阶段是指盾构机完成始发阶段掘进，拆除负环管片、临时支撑、反力架等，各工序常态化开展至盾构机刀盘距离贯通面 100 m 范围。盾构接收掘进阶段是指盾构机刀盘进入贯通面 100 m 范围内到盾构机主机完全接入接收基座的施工阶段。

10.1.2 盾构掘进面土体的稳定，取决于面板和土仓压力的共同作用，掘进面的平衡分为面板和开口处两部分，如图 4 所示(引自《地铁盾构法隧道下穿工程》，科学出版社，2017)。具体而言，当土仓中的渣土压力小于刀盘前方土体的水平压力时，掘进面上对应刀盘开口处的土体发生应力释放；另外掘进速度失当会使面板对掘进面前方土体产生挤压力，出土量的大小又直接影响土仓压力的大小，所以掘进速度、土仓压力和出土量三者要根据不同地层进行匹配。此外，同步注浆操作是为了解决盾尾间隙所致应力释放而引发的变形。

10.1.4 曲线段推进，由于盾构掘进过程的同步浆液不能及时固结稳定衬砌环，管片在承受盾构机推进压力后，将向弧线外侧偏移，为了确保隧道轴线最终偏差控制在规范允许的范围内，盾构掘进时须沿设计曲线内侧施工，给隧道预留一定的偏移量。

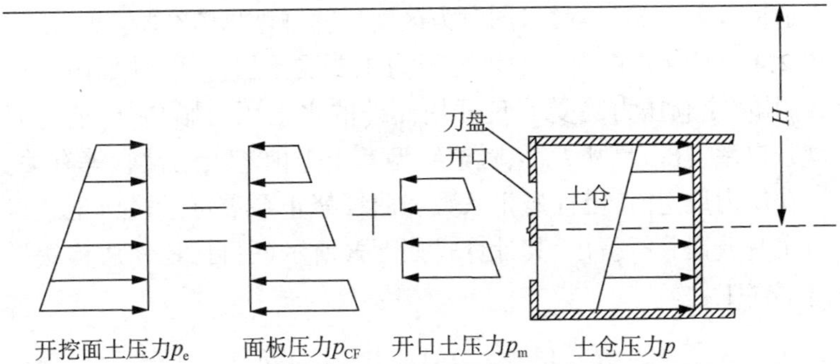

图 4　盾构开挖面土压力支护示意

可通过几何关系构建曲线半径、盾构姿态和管片姿态等与预偏值的联系，并以平衡关系构建千斤顶纠偏力矩与预偏值对应的盾构外部抵抗力矩计算值的联系，最终借助分区控制盾尾的千斤顶油压来调控千斤顶纠偏力矩。控制盾构姿态预偏值的流程如图 5所示(引自《地铁盾构法隧道下穿工程》)。

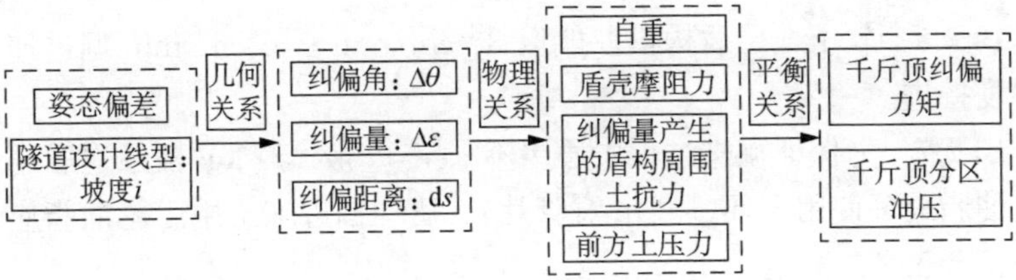

图 5　控制盾构姿态预偏值的流程

10.1.9　盾构掘进指令单需明确刀盘转速、推进速度、土仓压力、掘进姿态、加泥加水(渣土改良)数量、同步注浆、出土量、螺旋机转速等施工参数，并在掘进施工时做好详细记录。

10.2　盾构掘进操作

10.2.1　盾构始发掘进段，主要是为了掌握、摸索、了解、验证盾构机适应性能及施工规律，同时为区间后续掘进总结经验。

10.2.4 刀盘开挖面外的水土压力主要受土层性质、地面附加荷载影响，土仓压力除受刀盘开挖面外的水土压力影响外，还与刀盘开口率、开口尺寸大小、隧道线型及土仓内渣土的性状等有关。土仓压力设定时，土性修正系数和曲线修正系数可通过对土仓压力实测数据分析得出，其计算式如下式所示（引自《地铁盾构法隧道下穿工程》）：

$$P_r = k_o[(1+\alpha_1)(1+\beta+\alpha_2)\gamma h+\sigma_z] \tag{1}$$

式中：P_r 为隧道中心的土仓压力设定值，α_1 为土性修正系数，α_2 为曲线修正系数，β 为土仓压力增长率，k_o 为静止侧压力系数，σ_z 为地面超载在隧道中心引起的竖向附加应力，γh 为隧道中心处的地层自重。

10.2.5 当通过调节螺旋输送机的转速仍不能达到理想的出土状态时，需通过向刀盘、土仓内及螺旋输送机内注入泡沫或膨润土泥浆等改良材料对渣土进行改良。

10.2.6 软土地层盾构机一般以 30 cm/min～45 cm/min 掘进速度掘进。

10.2.7 为保证掘进过程中盾尾不漏浆，一般 250 kg/桶泵送盾尾油脂最多使用 8 环（1.2 m 宽管片）。盾构掘进施工用盾尾油脂应符合表 2 的规定。

表 2 盾构掘进施工用盾构油脂性能要求

项目	指标
颜色	米黄色或相近颜色
外观	纤维状油膏
密度（20 ℃），g/ml	1.35±0.05
锥入度（25 ℃），mm	230～250
按 NFT 60139 标准，在压力为 1 MPa，温度为 25 ℃时的可泵性测试	4～5 MPa

续表2

项目	指标
按 ASTMD 972 标准，挥发性测试 80 ℃，5 h	≤1.0
耐压性，4.5 MPa，25 ℃，20 目筛网加压	无漏水
水冲流失量(0.02 MPa，20 min)	≤1
下垂度(60 ℃，4 h)0～1 mm	不流淌
燃点	≥250 ℃
黏附性测试，25 ℃，125 mm 内径×210 mm 高，内壁光滑半圆钢管	≥60 min
金属腐蚀测试，常温涂抹钢板 30 d	无腐蚀，无变色
按 JISA 5758 标准在 25 ℃时的蠕动测试	≥30 mm
按 ASTMD 4049 标准，用 38 ℃人工合成海水做冲失测试	≤3

10.3 盾构姿态控制

10.3.1 盾构纠偏是指盾构姿态偏离隧道设计中心线(DTA)，盾构掘进过程中盾构司机通过调整盾构四组推进油缸液压油压大小使盾构姿态趋于 DTA 的过程。盾构掘进施工过程中，需经常测量和复核隧道轴线、管片姿态及盾构姿态之间的关系，发现偏差应及时纠正。一般采用调整盾构掘进姿态的方法来纠正水平和垂直偏差；采用改变刀盘旋转方向来纠正滚动角偏差；曲线半径小于 400 m 时，一般利用超挖刀适当超挖的方法纠偏等。

10.3.4 当发现偏差过大时，需在较长距离内分次限量纠偏；在纠偏时，还需防止拼装成环的管片发生碎裂和盾尾漏浆。

10.4 沉降控制

10.4.2 受隧道线型、盾构机姿态等影响，盾尾间隙会出现不同分布形式，使盾壳对土体挤压程度也有所不同，如图 6 所示（引自《地铁盾构法隧道下穿工程》），而盾尾间隙分布差异会使应力释放产生的施工变形不同。盾尾后方沉降为长期沉降的重要组成部分，需结合实际情况，合理控制不同注浆点位的同步注浆量、注浆压力和浆液配比，降低局部填充不足、浆液失水、向周边土体渗透过量、注浆压力过大和消散时间过长等风险。

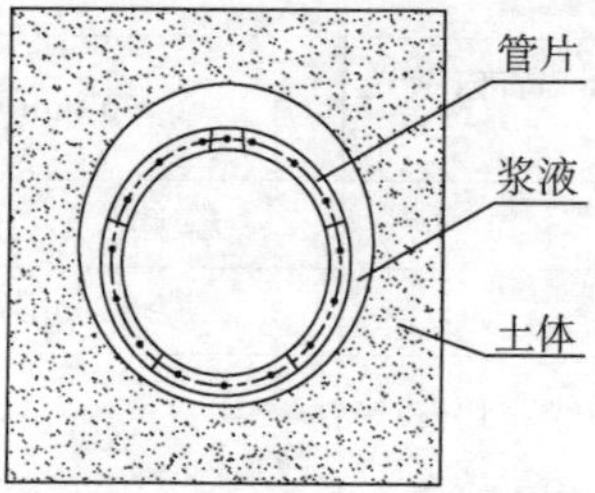

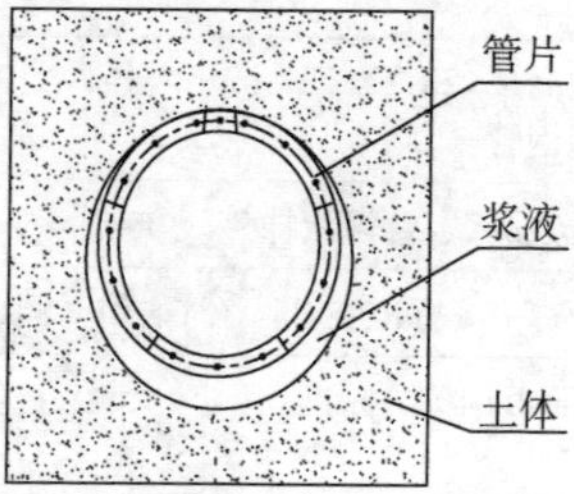

图 6　盾尾间隙与盾壳挤土

二次注浆是对同步注浆的补充，其目的是填充注浆后的未填充部分，补充注浆材料收缩体积减小部分，处理渗漏水和处理由于隧道变形引起的管片、注浆材料、地层之间剥离产生的空隙，通过填充注浆使其形成整体，提高止水效果等。注浆方法、工艺和单、双液材料等应根据地层性质、地面荷载、允许变形速率和变形值、盾构施工参数等进行合理选定。惰性浆液一般不宜用于对环境地表沉降和隧道变形有严格要求的工程。

10.5　盾构施工监控

10.5.1　盾构施工监控又称信息化施工，主要内容包括施工质量监控和环境安全监控。施工质量监控包括成型隧道轴线偏差、椭圆度、相邻管片高差；环境安全监控包括地表和地下管线隆沉、建(构)筑物变形。推进过程中应掌握好开挖面土压力、推力、推进速度、出土量、千斤顶工作油压等施工参数，保持开挖面土体稳定、保持均匀推进、保持盾构姿态的稳定，控制盾构、管片、设计轴线三者之间的偏差。

10.6 盾构掘进中止

10.6.1 当盾构前方发生土体坍塌引起地面沉降过大时，必须停止掘进，采取稳定开挖面和地层充填注浆的技术措施，并分析土体坍塌原因，实施相应措施后方可恢复盾构掘进。

当盾构前方遇有障碍物时（如桩基、管线或其他杂物等），必须停止掘进，根据障碍物的种类，选择采取直接切削、工作面处理、地面钻孔处理等方法。处理障碍物必须制定严密的技术方案和相应的安全措施，确保盾构设备完好、工作面稳定、环境安全。

当发现盾构自转角度大于 3°时，必须停止掘进，将刀盘的旋转方向逆转切削，观察盾构自转角是否减小，如效果不明显，须采用单边压重来纠转。

当盾构上飘或栽头、推进坡度难以控制时，必须停止掘进，分析原因并采取应对措施。

当盾构推力或刀盘扭矩突然增大较多时，必须停止掘进并检查分析原因。

当管片在拼装装后发现有贯穿裂缝或破损影响结构安全时，必须停止掘进，将破损管片置换处理后方可继续盾构掘进。

当盾壳卡住隧道衬砌环时，易损伤盾尾密封，影响管片拼装，增大管片应力和衬砌环椭圆度，盾构必须停止掘进，采取纠偏或其他措施解决卡壳问题后方可继续盾构掘进。

当盾尾同步注浆系统发生故障时，盾构必须停止据进，待修复后方可继续盾构掘进。

10.6.2 盾构机停机前，应依据具体的停机时间制定详细的停机方案与计划，安排专人负责停机期间的工作，使整个盾构机在不掘进的情况下，各个系统能够保持良好的工作性能，为下一次隧道的掘进提供稳定的动力，保持停机期间的地层稳定和盾构机设备的正常运转。

停机前，应做好最后一环的掘进，调节停机时的土仓压力比设定压力略大于 20 kPa～30 kPa。

如果停机时间较长，可通过中盾和前盾的膨润土加入系统，在盾体周围注满泥浆，保持地层稳定，同时防止周围土体与盾体固结，避免盾构机再次掘进时土体摩擦力过大。

加强对盾构机土仓压力的监视和调整，根据地层情况确定土仓压力警戒值。当土仓压力低于警戒值时，通过膨润土系统加入泥浆来保持土仓压力。

加强对地面的监测，及时反应地层的变形情况，如果停机时间超过 3 d，需要定期做小距离的推动。

停机期间，按正常保养程序对盾构机进行保养。

10.7 盾构平移、调头、过站和空推

10.7.1 盾构调头和过站可选择方案较多，可根据工作井尺寸、盾构直径、重量及移动距离等确定。由于盾构重量和体积大，起吊、移动、调头工作时间长，需预先编制安全、可靠的调头和过站技术方案。当盾构在工作井内调头时，可采用临时转向台调头；小直径且重量轻的盾构，可采用起重机直接起吊调头。当盾构在井下通过车站移动至另一个区间掘进施工时，其移动距离较大，可采用移车台或在预设轨道上使用顶推、牵引等方法调头。

11 特殊地段施工

11.2 浅覆土层施工

11.2.1 由于覆土荷载减小，开挖面压力允许的调整幅度缩小，即使少量的变化，也可能给开挖面稳定带来很大影响。因此，盾构掘进时，特别注意泥浆、泡沫等土体改良剂的性质以及开挖面压力控制，尽量减小对地表或地下建(构)筑物的影响。

11.2.4 由于盾构机与管片之间的建筑空隙会对建(构)筑物的沉降和隧道稳定产生影响，因此需进行充分的壁后注浆管理以控制地层变形。宜使用有早期强度的壁后注浆材料，采用同步注浆方法进行施工。

在开挖面压力、壁后注浆管理时，可以通过试验段确定开挖压力管理值和注浆参数等。

11.2.5 由于浅覆土段隧道容易产生上浮、碎裂和渗漏，可以通过管片增加剪力销、管片纵向钢性拉紧、管片螺栓多次气动扳手复紧等措施增加隧道刚度，提高成型隧道抗变形能力。

11.3 深覆土层施工

11.3.2 盾构机密封系统主要包括主驱动密封系统、铰接密封系统、盾尾密封系统和螺旋机密封系统。盾构施工前应设计满足覆土深度和地层工况的密封系统形式，施工过程中应加强各密封系统的使用、维修保养等管理，确保密封系统按照设计要求发挥密封的作用，必要时采取措施修复。

11.3.3 在深覆土条件下，由于开挖所形成的卸荷作用及较大厚度覆土所发挥的摩阻力作用，隧道周围软土土层所发挥的土拱效应把开挖所产生的卸荷作用以及上覆土所产生的土压力作用传递到盾构范围上方两侧区域，造成软土深部地层中的土拱效应使得盾构前方所承受的土压力有一定程度的减小，因此应加强开挖面及相关施工参数监控。

11.4 小半径曲线施工

11.4.1 小半径曲线施工时宜选用主动式铰接盾构，盾构设备能施工的最小隧道曲线应根据纠偏需要留有足够的余量，铰接密封应安全可靠。

11.4.4 盾构纠偏过程中会出现因油缸千斤顶行程差大、盾尾间隙小导致盾尾处的管片压迫盾尾刷至盾壳钢板产生卡壳的硬性接触，造成管片外弧面破损。

11.4.5 采用部分(曲线内侧)外扩式超挖刀模式，土体超挖后盾构纠偏容易，但造成地层损失增大，地面沉降和隧道变形将增大，推进反力下降，因此，要考虑地层的稳定性，把超挖量控制在容许范围内。

11.4.6 小半径曲线施工时，壁后同步注浆若不能及时固化，管片脱出盾尾后在盾构顶力的作用容易导致产生较大的管片变形和隧道位移，应选择体积收缩率小、早期强度高、速凝型的注浆材料。使用超挖装置时，注入量也需要适当的增加。

11.5 长距离隧道施工

11.5.2 长距离隧道施工时，施工测量的精度将影响隧道轴线质量、盾构接收等，因此需采取措施增加施工测量的精度，措施主要有：优化地面控制网、选择高精度测量仪器、增加测量频率、双导线测量、陀螺仪测量、垂直顶升测量井等方法。

11.5.3 长距离隧道施工时，水平运输的形式将直接影响施工的进度，因此可根据不同的施工需求选择管片、同步注浆浆液和出土的运输形式，施工过程中还应加强轨道固定、整修的管理，减少机车出轨概率。

11.6 穿越地下管线段施工

11.6.1 上水、煤气、原水箱涵、合流污水箱涵等管线为城市重要生命线，数量众多，且其走向、埋深、年代、管材、接头形式等变化较多，允许变形较小且具有较大不确定性，盾构穿越这些重要地下管线可能引起其沉降变形而泄漏或燃爆，影响管线的安全使用。应根据不同直径管道采用 CCTV 探测或潜水员探摸查明地下管线类型、位置、结构、压力、施工方式、窨井围护形式、现状、允许变形值等，制定专项施工方案，对燃气、上水等重要管线，还必须制定风险应急预案。

11.6.2 邻近管线保护首先应根据不同管道类型、结构形式、现状情况和社会影响等确定其允许变形值。一般情况下，采用严格控制施工参数、跟踪监测和注浆的方法以控制管道不均匀沉降。若受施工影响可能产生较大变形，这就需考虑搬迁、暴露悬吊或以其他方法处理。

11.7 地下障碍物处理及穿越施工

11.7.1 施工前应查明隧道断面单边外扩 1 m 范围内的地下障碍物，包括障碍物的类型、数量、位置，地下障碍物有桩类、建(构)筑物类、杂物类。

11.7.2 地下障碍物处理应首选从地面进行处理，地面无条件处理时可选择盾构直接切削；若盾构机无法切削且地面也无法处理时，可以选择开挖面拆除障碍物。

地面处理地下障碍物的方法有拔除、挖除等，处理方法应在确保周边环境安全的情况下将障碍物处理干净并及时进行回填作业，回填物应采用低强度、易切削的材料，不可形成新的障碍物，必要时可进行注浆加固。

从地面处理地下障碍物存在一定的不确定性，盾构推进断面内仍存在残留障碍物的可能，盾构机刀盘需增加贝壳刀切削刀具，刀盘和螺旋机应进行耐磨设计，螺旋机扭矩应不低于 45 kN·m，配置螺旋机防喷装置和人行闸。盾构穿越地下障碍物处理段是对处理段土体的二次扰动，因此施工参数应严格控制，土压力设定和同步注浆量可以适当增大，控制地层变形和隧道稳定。

11.7.3 在开挖面拆除障碍物时，可选择带气压作业或加固地层的施工方法，并编制专项技术方案。带气压作业应按严格相关安全施工操作要求进行，并配备所需的设备及设施。采用地层加固辅助措施后，作业人员进入开挖面也应备有带气压作业的应急预案。

11.7.4 为保证盾构有能力切削地下障碍物，盾构刀盘需增加强度，刀盘和螺旋机应进行耐磨设计，刀盘应配置贝壳刀、刮刀等切削刀具(切削刀具应按照全断面切削障碍物要求合理、均匀布置，不同类型刀具应高差布置进行分层次切削，刀具可更换)，螺旋机扭矩应不低于 100 kN·m，刀盘扭矩应不低于 6 000 kN·m，刀盘推力应不低于 40 000 kN，注浆管路宜采用内置式，配置泡沫改良系统、超前注浆系统、螺旋机防喷装置和人行闸等。隧道结构可采用剪力销、背覆钢板、内弧面纵向刚性连接等措施进行加强。盾构切削地下障碍物时应仔细复核障碍物与隧道的相对位置关系，应严格控制施工参数，切削时掘进速度应不大于 5 mm/min，应制定刀盘卡住、螺旋机卡住、螺旋机出土不畅、障碍物断裂、螺旋机喷涌等处置措施。

11.8 穿越建(构)筑物施工

11.8.3 建(构)筑物的监测包括沉降、位移、倾斜和裂缝观测等，沉降监测可采用水准测量、连通管量测、电子水平尺等方法。地层变形监测包括土体分层沉降和水平位移。盾构施工参数应根据地层和建(构)筑物变形监测数据分析后及时进行优化和调整。

11.8.4 为弥补盾构同步注浆不足及长期沉降对建(构)筑物安全的影响，可在盾构穿越建(构)筑物过程中及时进行壁后跟踪补浆，盾构通过后进行双液分层注浆加固，直至结构稳定和沉降数据收敛。

11.8.5 盾构穿越的特殊建(构)筑物，主要是指处于运营状态的对沉降变形比较敏感的地铁、铁路、磁悬浮、机场等建(构)筑物。

穿越运营地铁隧道施工时，距离运营隧道边缘前后各 6 环为盾构穿越段，在盾构推进至穿越段前 10 环～40 环范围内应设盾构穿越前的试验段，长度宜 20 环～30 环；试验段上沿盾构推进轴线每隔 5 环布置深层沉降监测点，每 3 环布置地表沉降监测点，测点埋设在原状土内。

穿越机场施工时，由于机场跑道使用的特殊性，在机场跑道内布设监测点不允许破坏跑道，仅限布设不突出地面的监测点标志，监测仪器架设在机场跑道外的安全区进行日常监测。

盾构穿越特殊建(构)筑物时，要绝对保证特殊建(构)筑物的正常安全运行。按特级监控等级确定盾构穿越施工引起的特殊建(构)筑物沉降变形。

试验段上地表沉降量的控制值应按盾构中心埋深及盾构施工地层损失率推算设定。根据地层沉降监测结果，按照盾构前方地面隆起量小于等于控制值的 1/3，盾尾后地表沉降小于等于控制值调整优化盾构推进速度、螺旋机转速、注浆量、注浆压力等参数以作为盾构穿越阶段的施工参数之基础依据。

特殊建(构)筑物应采用电子水平尺等方法实时连续监测,盾构穿越段推进时应按特殊建(构)筑物实时纵向变形曲线,调整正面压力,微调注浆量、注浆压力、推进速度、螺旋出土量等参数,使最大隧道变形量不超过警戒值。

盾构施工过程中地层变形主要分为3个阶段:盾构切口前、盾构壳体段和脱出盾尾后。盾构切口前的地层变形主要取决于开挖面土压力和土体改良;盾构壳体段沉降主要是因为刀盘开挖直径一般情况下略大于壳体直径;脱出盾尾后主要是盾构壳体与管片之间的建筑空隙。因此,需加强每个阶段的地层变形控制,盾构切口前加强土体改良和开挖面管理,盾构壳体段可以通过预留注浆孔压注不固化填充材料,脱出盾尾后加强注浆管理,及时补充注浆。

11.9 穿越水域的盾构隧道施工

11.9.1 盾构穿越水域前,对隧道轴线沿线的江底标高采用测量船进行一次全面的扫描,并进行潮汐修正,复核隧道覆土层的厚度,绘制出江底地形图,以利于进行盾构平衡压力设定值的计算。

11.9.2 盾构穿越水域前,盾构工作面附近应配备海绵、防漏插板、棉花胎、聚氨酯、水泥、水玻璃、快硬水泥、聚氨酯齿轮泵、注浆泵、抽水泵、冲击钻、通讯设备、配电箱、球阀等应急物资和设备。

11.9.3 在水域段施工中,特别是浅覆土段,应严格控制盾构的设定平衡压力、注浆量、注浆压力、出土量等参数,控制好盾构的姿态,减少对土体的扰动,防止江底的土体发生剪切破坏,造成江底漏水危害。盾构穿越水域时,可能发生切口冒顶、盾尾漏泥漏水、螺旋机喷涌,施工风险极大,因此应对施工中可能发生的不利情况进行充分的分析,采取相应的预防和处置措施。

11.9.4 水域段土层含水量较高、渗透系数大,加上水域潮汐的影响,隧道可能存在上浮的现象,盾构推进过程中严格控制隧道轴线，使盾构尽量沿着设计轴线推进，每环均匀纠偏，减少对土体的扰动。

11.9.5 盾构穿越堤岸时覆土变化较大，应加强对堤岸及周边建(构)筑物沉降、位移和裂缝等的观测，及时进行开挖面压力的调整，加强同步注浆管理和跟踪注浆。

11.12 复杂地质条件下的盾构隧道施工

11.12.1 富水砂性地层或承压水层掘进，盾构工作面附近应配备海绵、防漏插板、棉花胎、聚氨酯、水泥、水玻璃、快硬水泥、聚氨酯齿轮泵、注浆泵、抽水泵、冲击钻、通讯设备、配电箱、球阀等应急物资和设备。

11.13 有害气体段的盾构隧道施工

11.13.1 盾构施工属于密闭空间，进出口受限，自然通风不良，有害有毒气体容易积聚，如果不及时采取有效措施，可能会引起作业工人急性中毒，严重者甚至导致死亡。

11.13.3 盾构机需配备固定、手持式有害气体检测设备，螺旋机出土口、盾尾处和控制室等重点部位设置固定式自动报警有毒有害气体监测装置，每天利用手持式监测仪器对隧道内有毒有害气体进行不定时监测，并做好记录。

11.13.5 盾构施工时可以根据有害气体浓度建立分级预警机制，可分为正常施工、警戒施工、中止作业及人员撤离三级预警。施工时，根据不同级别采取不同的技术和管理措施。

12 管片拼装

12.2 拼装准备

12.2.3 盾构推进后管片姿态应符合下列规定：

1 盾构推进油缸推进距离必须有足够的空间可使封顶块插入成环。

2 检查管片与盾尾间隙，结合上一环状态，确定本环拼装时的纠偏量及纠偏措施。

3 盾构纵坡和拼装机在平面、高程的偏离值，决定了管片拼装位置的调整的纠偏值。

12.2.5 按盾构设备操作要求，全面检查拼装机的动力及液压设备是否正常，举重臂是否灵活、安全可靠。

12.2.6 在管片拼装前必须清除前一环环面和盾尾里的垃圾和异物，检查上一环环面防水密封条是否完好，如有损坏应及时修补；若发现环面质量问题，应在下一环管片拼装时，进行纠正。

12.3 拼装作业

12.3.1 管片拼装时，一般情况应先拼装底部管片，然后自下而上左右交叉拼装，每环相邻管片应均匀拼装并控制环面平整度和封口尺寸，最后插入封顶块成环。逐块拼装管片时，应注意确保相邻两管片接头的环面平整、内弧面平整、纵缝密贴。封顶块插入前，检查已拼管片的开口尺寸，要求略大于封顶块尺寸，拼装机把封顶块送到位，伸出相应的千斤顶将封顶块管片插入成环，作圆环校正,并全面检查所有纵向螺栓。封顶成环后,进行测量,并按测得数据作圆环校正,再次测量并做好记录。

12.3.2 按各块管片位置,缩回相应位置的千斤顶,形成拼装空间使管片到位,然后伸出推进千斤顶完成管片的拼装作业。盾构司机在反复伸缩推进油缸时必须做到保持盾构不后退、不变坡、不变向,同时应与拼装操作人员密切配合。

12.3.4 管片衬砌环椭圆度测量,可以反映衬砌结构收敛变形特征。椭圆度分两个阶段进行测量,第一阶段为管片拼装成环尚未脱出盾尾,即无外荷载作用;第二阶段为管片脱出盾尾承受外荷载作用。

12.3.7 管片修补应在管片脱出车架后隧道稳定后进行。

13 壁后注浆

13.1 一般规定

13.1.1 在始发接收端各10环、联络通道两侧各20环、穿越建构筑物及环境保护要求高的区域，应根据监测结果及时按需进行二次注浆。砂性土层中的区间隧道防渗漏，可以采用聚氨酯注浆。现场必须配备浆液检测仪器。

13.2 注浆材料

同步注浆厚浆浆液的性能应符合表3的规定。

表3 同步注浆厚浆浆液性能指标

性能指标	要求
渗透性	$<5\times 10^{-5}$ cm/s
比重	>1.80 g/cm^3
坍落度	12～16 cm
坍落度经时变化	≥5 cm(20 h)
压力失水(7′30″,0.3 MPa)	<20 ml
泌水率	<5%
分层度	<2 cm
可使用时间	20 h
屈服强度	20 h>800 Pa
抗压强度	R_7 >0.15 MPa; R_{28} >0.8 MPa

同步注浆材料由砂、粉煤灰、膨润土、石灰、添加剂、水等搅拌而成，材料的基准配合比应符合表 4 的要求，原材料应符合表 5 的要求。

表 4　同步注浆厚浆浆液原材料基准配合比要求

编号	砂(kg)	粉煤灰(kg)	膨润土(kg)	石灰(kg)	添加剂(kg)	水(kg)
Ⅰ	1 180	300	50	80	3	285
Ⅱ	800	400	50	100	3	340

表 5　同步注浆厚浆浆液原材料要求

材料名称	性能要求
石灰	消石灰，氢氧化钙含量≥85%，320 目筛余量≤0.5%
粉煤灰	Ⅱ级或Ⅲ级，细度(0.045 mm 方孔筛筛余)不大于 20%～45%
砂	河砂，细度模数 1.8～2.2，含泥量＜3%
膨润土	95%通过 200 目筛，膨胀率 18 ml/g～30 ml/g
水	天然水，pH=7，无味
添加剂	1.06±0.01(20 ℃)，减水率 20%～30%，水化控制能力＞20 h，水解度＜30%

注：1. 河砂必须严格选用中细砂，严禁使用粉细砂进行拌浆。
　　2. 膨润土应选用钠基膨润土。

13.3　同步注浆作业及质量控制

13.3.4　注浆量应根据管片与土层间的建筑空隙乘以注浆率确定。上海地铁隧道目前采用环宽为 1.2 m 的预制混凝土管片，盾构机每推一环的建筑空隙为

$$L \times \left[nA + \frac{\pi(D^2 - d^2)}{4} \right]$$

式中：L——混凝土管片环宽(m)；

　　n——注浆点数量 4 处；

A——注浆点外包管乌龟壳横截面面积(m^2)；

D——盾构外径(m)；

d——管片外径(m)。

13.3.5 每作业 24 h 注浆管路可清洗一次。

14 隧道防水和缺陷处理

14.2 防水材料检测

14.2.2

1 防水密封条成品的物理性能指标包含拉伸强度和断裂伸长率、压缩永久变形、含胶量、防霉性和闭合压缩力。

6 聚合物水泥砂浆、速凝型快硬水泥、遇水膨胀止水胶或聚氨酯建筑密封胶的材料性能相关要求应分别符合现行国家标准《无机防水堵漏材料》GB 23440、现行行业标准《聚合物水泥防水砂浆》JC/T 984、《遇水膨胀止水胶》JG/T 312、《聚氨酯建筑密封胶》JC/T 482 的规定。

14.2.3 各检测项目的批次、抽样和合格判定应符合《盾构法隧道管片接缝防水检测技术导则》RISN-TG 036 的相关规定。不同类别的防水材料须按照相应的批次要求进行检测，同批次内的材料检测也须按照相应的抽样数量要求。防水材料检测批次和抽样要求详见表 6。

表 6 防水材料检测批次和抽样要求

防水材料类别	批次要求	抽样要求
防水密封条	同标段、同品种、同规格的 500 环管片为一批；当不足 500 环时，应计为一批	随机抽取 4 框
遇水膨胀止水条		随机抽取 1 条，裁取 3 m
螺栓密封圈		随机抽取 30 只
自粘性橡胶薄片		随机抽取 1 m
软木橡胶衬垫		随机抽取 1 m
管片手孔封堵材料	连续生产同一类别的每 1 000 环管片用量为一批；当不足 1 000 环时，应计为一批	随机抽取 1 环管片用量
嵌缝材料		随机抽取 1 环管片用量

根据检测项目的指标要求，对相应类别的防水材料进行合格判定；若检测不合格，该批次防水材料不能使用。

1 当检测项目结果均符合指标要求时，则该批次应判定为合格。

2 当检测项目中2项及以上指标不符合要求时，则该批产品应为不合格。

3 当检测项目中1项指标不符合要求，应在该批次中另取2倍的试样进行该指标复检。当复检结果合格时，则该批次应为合格；当复检结果仍不合格时，则该批次应为不合格。

14.3 隧道防水施工

14.3.2 防水密封条粘贴过程中，不得有起鼓、超长或缺口现象，不得歪斜、扭曲。

14.3.3 粘贴防水密封条的管片宜尽快拼装，现场堆放不宜超过24 h。

14.4 渗漏水处理

14.4.2 区间隧道与车站连接段若发生渗漏，根据渗漏情况采取针对性处理：渗漏情况较为轻微时，可采用沿接缝钻孔注浆堵漏，注浆材料宜选用亲水性环氧浆液；结构补强且渗漏情况较为严重时，应首先清理基面然后沿接缝钻孔注浆堵漏，浆液应先选择油溶性聚氨酯浆液，在渗漏水被阻断后再采用骑缝灌注亲水性环氧浆液。成型隧道若发生渗漏，隧道处于黏土地层时，可考虑采用壁后双液注浆的方式，隧道处于砂性地层时，宜采用壁后聚氨酯注浆的方式。

14.5 管片修补

14.5.2 混凝土管片碎裂掉块修补，对未露筋管片，宜采取直接抹面法修补；对于露筋管片，可采用植筋＋挂网＋聚合物改性砂浆等方法修补。

修补施工时，应将管片混凝土碎裂、空鼓部分彻底凿除，打出混凝土坚实基层。当管片钢筋或螺栓锈蚀时，应进行除锈、阻锈处理。修补完成后，应进行保湿养护，并满足相关修补材料对养护时间等技术指标要求。

15 盾构施工监测

15.1 一般规定

15.1.2 上海地铁区间隧道埋深一般为14 m～30 m，穿越的地层有淤泥质黏土、黏土、淤泥质粉质黏土、黏质粉土、细砂、粉细砂等，各种土层的含水量、孔隙比、内聚力、内摩擦角等物理力学指标不同，盾构的施工掘进参数及对地层的影响范围和程度也不相同。在市区施工地铁隧道时，大多选择道路下穿越，须确保道路和地下管线的安全；也有从建、构筑物下穿越，须确保建、构筑物的使用安全；也有穿越运营的铁路和地铁线路的，尤其是近距穿越地铁隧道时，对盾构掘进施工的要求更高。

盾构施工监测的目的是通过监测数据指导盾构施工，从而减小对周边环境的影响，确保盾构穿越区域的道路、管线、构筑物的安全。监测的项目、布设、测试频率等技术实施方案应综合考虑周边环境、工程地质和水文地质条件、穿越管线和构筑物的保护要求、盾构的施工性能等因素制定。

15.1.4 同步采集地面和隧道内监测数据，便于全面了解、分析变形动态，为调整施工参数、控制变形、保护周边环境提供依据。

15.1.5 监测仪器和设备的选择应充分考虑量测精度、抗干扰性、可靠性、环境适应性等，对于一般情况，可以按照监测方案确定的监测频率和时间及时提供监测数据报表；对于特殊情况，如盾构穿越既有铁路、运营轨道交通线路、电力隧道等重要构筑物时，应采用具有实时数据采集和传输的监测设备，进一步确保监测数据指导施工的有效性和及时性。

15.1.6 隧道工程监测等级宜根据自身风险等级、周边环境风险等级和地质条件复杂程度进行划分，具体划分方法在现行国家标准《城市轨道交通工程监测技术规范》GB 50911 已经明确规定。

监测必测项目包括盾构施工沿线的地表沉降、建(构)筑物沉降、地下管线沉降和建成隧道的沉降收敛测量。建(构)筑物沉降测点应布设在外墙四周，以监测不均匀沉降，一般还应监测构筑物的倾斜。地下管线沉降监测点可设在地表，重要管线应在管线上方的土体中埋测点。

穿越黄浦江、长江的地铁隧道监测一般还应进行江底隆陷的监测，可采用测量船上声波测深的方法。

盾构穿越重点环境保护区域、复杂地层时，为控制土体变形和工程安全，应进行土体变形和水土压力监测。当进行新型管片试用或科学试验时，应进行管片内力监测和土压力监测。管片内力和土压力采用在管片浇筑时埋设钢筋应力计和土压计进行监测。

土体变形监测有垂直变形和水平变形监测。垂直变形采用在土体中钻孔分层埋设磁性测点后用分层沉降仪监测。水平变形采用在土体中钻孔埋设测斜管后用测斜仪监测。土压力和孔隙水压力采用在土体中钻孔埋设土压计和孔隙水压计监测。

盾构法隧道施工现场巡查宜包括下列内容：

1 盾构始发端、接收端土体加固情况。

2 盾构掘进位置(环号)。

3 盾构停机、开仓等的时间和位置。

4 隧道线路上是否有打桩、堆土超载等异常情况。

5 管片破损、开裂、错台、渗漏水情况。

6 联络通道施工情况。

7 周边环境情况。包括：①周边施工活动，主要是有无新建或拆除建(构)筑物等活动，有无打桩、爆破、降水、钻探、大面积加卸载等活动;②周边异常情况,如地面开裂、沉陷,周边建构筑物开裂、倾斜等。

15.2 隧道周边环境监测

15.2.1 施工周边环境监测是指盾构施工穿越区域,因土体扰动影响土力平衡引起的地面道路、管线、建(构)筑物、桥梁、既有轨道交通等产生的沉降、隆起、倾斜、错位等变化与变形的测量。本标准表 15.2.1 中的危房是指经过鉴定或进行评估所确定的。

15.2.3 距离工作井 50 m 范围内一般为盾构始发或接收段,该处盾构施工参数不稳定,对周边环境影响较大,因此该段监测点布置的密度较其他掘进段要高。

土压盾构掘进施工在理论上可以达到开挖面土压平衡,但由于盾构施工参数(如推力、设定土压、推进速度、出土量、盾构姿态等)控制的差异都会影响开挖面土体变形和地表隆沉,其纵向影响范围可达刀盘前方 W m(W 为 1.5 倍隧道中心埋深)范围内;其横向影响范围可达隧道中心线两侧 W m。为此环境监控量测应在施工前进行初始观测,并应从开挖工作面距观测对象距离为 W m 时开始监测,直至观测对象稳定时结束。

15.2.6 盾构掘进施工时,其上方的土体由于盾构前移带动土体变形,而盾尾建筑空隙又会引起土体沉降,盾尾同步注浆则会引起土体隆起,诸多因素使盾构上方的土体成为变形最大的区域。而盾尾脱出后的 3 d 内,由于盾尾同步注浆浆液的收缩和扰动地层的固结引起地层沉降变化较大。

因此,把盾构切口前 20 m 至盾尾脱出后 30 m 范围作为重点监测段,此时监测频率不少于每天 2 次。盾尾脱出 30 m 后,根据变形速率,适当调整监测频率。

15.2.7 盾构穿越地面建筑物、地铁隧道、铁路、桥梁、防汛墙、地下管线等重要构筑物时，这些穿越体沉降变形的根本原因是盾构上方的土体变形所引起，所以除应对穿越体进行观测外，还应增加对其周围体的变形观测，并根据土体变形的情况及时采取控制穿越体变形的措施，更好地控制变形。

15.3 隧道结构监测

15.3.2 沉降测点应设在成型隧道道床两侧的管片上，确保沉降监测点不被后期道床混凝土覆盖，方便后期运营时直接利用。

由于在隧道台车范围内难以准确测量隧道竖向位移，因此测点的初值应在隧道管片脱出盾构台车后进行。

15.3.3 隧道收敛值能够反映出成型隧道在周围水土等荷载的作用下隧道整体的变形趋势，隧道收敛数据也是判断隧道是否处于安全状态的一个重要数据，对于盾构隧道一般测量水平方向和垂直方向收敛。

15.4 监测控制值和预警

15.4.1 监测预警是整个监测工作的核心，通过监测预警能够使相关单位对异常情况及时作出反应，采取相应措施，控制和避免工程自身和周边环境等安全事故的发生。工程监测预警需要有一定的标准，并按照不同的等级进行预警，监测报警值应由设计单位确定，某些环境保护监测项目的报警值除由设计方提出一个基本值后，还需要得到监测对象的权属或管理单位的认可。区间隧道监测预警值可参照表 7、联络通道施工时日预警值和累计预警值可参照表 8 和表 9。

表 7　区间隧道施工监测项目预警建议值

监测项目 / 监测等级	地面竖向位移	隧道竖向位移		隧道收敛		允许地层损失率
	变化速率（mm/d）	变化速率（mm/d）	累计值（mm）	变化速率（mm/d）	累计值（mm）	
特级	2	3	10	3	2‰*D*	0.5‰～1‰
一级	3					1‰～2.5‰
二级	4					5‰
三级	5					10‰

注:*D* 为隧道外径,单位为 mm。

表 8　联络通道施工监测项目日报警建议值

工况	地表竖向位移(mm/d)	隧道竖向位移(mm/d)
钻孔	±2	±1
冻结	±2	±1.5
开挖	±2	±2
融沉	±2	±1

表 9　联络通道施工累计报警建议值

监测项目	累计报警值
隧道竖向位移	±10 mm
隧道收敛	2‰*D*
地面沉降	±10 mm

注:*D* 为隧道外径,单位为 mm。

15.4.2　监测项目控制值是工程施工过程中对结构自身及周边环境安全状态或正常使用状态进行判断的重要依据,也是工程设计、工程施工及施工监测等工作的重要控制点。监测项目控制值的大小直接影响到结构自身和周边环境的安全,对施工进展和监测手段的确定有一定影响。因此,合理确定监测控制值是一项十分重要的工作。

15.5 资料整理和信息反馈

15.5.2 对监测数据进行校核，签字齐全，同时进行可靠性分析，排除仪器、读数等操作过程中的误差，剔除和识别各种粗大、偶然和系统误差，避免漏测和测错，保证监测数据的可靠性和完整性。对监测数据进行整理，包括各种物理量的计算、图表制作、物理量的时间速率曲线和空间分布图的绘制等。数据分析通常采用比较法、作图法和数值计算等，分析各测项物理量值大小、变化规律、发展趋势等。

15.5.6 监测技术总结报告可以包括下列主要内容：

1 工程概况。

2 监测目的、监测项目和监测依据。

3 监测点布设。

4 采用的仪器型号、规格和元器件标定资料。

5 监测数据采集和观测方法。

6 现场巡视信息：巡视照片、记录等。

7 监测数据图表：监测值、累计变化值、变化速率值、时态曲线、必要的断面曲线等。

8 监测数据、巡视信息的分析与说明。

9 结论与建议。

16 施工管理

16.5 应急管理

16.5.1 应急预案的编制需要纳入整体的项目管理范围。应急准备及响应预案应包括：

1 总则、应急组织指挥体系及职责。

2 预警及信息报告。

3 突发过程的风险因素及评估。

4 应急响应程序和措施。

5 应急物资、人员与通信保障。

6 应急演练和相应能力。

17　盾构机维修保养

17.1　一般规定

17.1.1　盾构机再次使用前维修保养是指盾构设备在完成上轮掘进施工后，投入下轮施工使用前进行的维修保养工作。盾构机施工过程中日常维修保养是指盾构设备在日常掘进施工中，开展的维修保养工作。

17.1.2　盾构机再次投入使用前，应根据设备以往故障情况、动静态勘验、施工需要及盾构机原设计要求，制定维修保养及适应性改造方案。

17.2　盾构机再次使用前维修保养

17.2.1

1　切削刀盘维修保养应符合下列规定：

1) 对缺损的刀具及其紧固件、连接件进行补充或修复，重新焊装的刀座、刀体必须保证其相对位置的准确性；检查仿形刀总成，进行修复或更换，仿形刀土砂密封件应进行检查更换。

2) 检查刀盘盘面、盘缘的钢板厚度及结构变形情况，检查刀盘及搅拌棒的硬质合金堆焊层并修复。

3) 对刀盘主要焊缝进行探伤，如存在缺陷应进行修复。

4) 清理疏通刀盘内部管路，并进行摒压试验，修复盘面注出口的止回阀。

2 刀盘驱动系统维修保养应符合下列规定：

1）检测更换减速器及主轴承箱的齿轮油，检查主轴承齿圈和驱动小齿轮的啮合情况并进行探伤，如存在缺陷应进行修复。

2）掘进里程超过 5 km 或齿轮油油样异常，应拆解检查刀盘驱动轴承，检查主轴承安装螺孔，疏通润滑油孔，检查滚道、滚柱及齿面的磨损情况并进行探伤，超差的应送专业厂商修复或更换。

3）清洁刀盘驱动密封，检查更换密封件；检查更换刀盘驱动安装用紧固件，并进行预紧。

3 盾构机主机维修保养应符合下列规定：

1）检查前盾、中盾、盾尾表面，修复明显变形，清除焊疤；检查盾体结构焊缝及变形；测量盾构机壳体的圆度、直径及长度，如存在缺陷应进行修复。

2）对焊接式吊耳安装范围的壳体、装配式吊耳的支座应进行探伤检查并修复。

3）检查刀盘驱动密封配合面的磨损情况，并进行修复。

4）检查更换环间连接用的紧固件及密封件。

4 应对中心回转接头进行保养维修，并疏通管路，修复后的中心回转接头应进行耐压试验和回转扭矩试验。

5 管片拼装机维修保养应符合下列规定：

1）检查拼装机钢结构变形、裂缝、磨损情况，检查回转驱动、制动、支承装置及管片夹持装置，如存在缺陷应进行修复。

2）检查电缆卷筒、管线、管线拖链、机械及电气限位装置，如存在缺陷应进行修复或更换。

6 螺旋输送机维修保养应符合下列规定：

1）检查螺杆直线度、螺杆连接副、叶片尺寸及耐磨层，并进行修复。

2）检查修复筒体尺寸、耐磨层、注入口，更换法兰密封圈。

3）检查闸门油脂润滑、启闭情况及应急关闭功能，更换密封件。

4）检查螺旋机驱动及伸缩装置、土砂密封及油脂润滑，并进行修复。

7 推进系统维修保养应符合下列规定：

1）清洁检查推进油缸，检查活塞杆外观，发现油缸活塞杆镀层严重损坏，或内外泄漏超标的，应解体维修，维修后液压油缸应做摒压试验。

2）检查推进分区液压阀组功能，并进行维修测试。

3）检查修复油缸球铰、靴板、行程仪及保险装置。

8 铰接系统维修保养应符合下列规定：

1）检查铰接环体变形情况及密封配合面磨损情况，检查油缸连接件变形及焊缝情况，如存在缺陷应进行修复。

2）维修保养液压油缸，并进行试压，维修测试铰接控制液压阀组。

3）疏通注脂管路，检查更换铰接密封。

9 同步注浆维修保养应符合下列规定：

1）清洁同步注浆浆箱。

2）疏通注浆管路，对管路进行压力试验，检查更换注浆管路的阀件、传感器及仪表。

3）检查搅拌轴和叶片的磨损情况，检测搅拌轴直线度，根据情况进行维修保养。

4）检查维修搅拌轴轴承、轴承座、密封及连接销。

5）加注或更换搅拌驱动装置的润滑油脂或油液。

6）检查更换注浆泵磨损的缸筒、注浆橡胶活塞、活塞头、出料和落料阀盘座及阀片等。

7）维修保养同步注浆系统动力单元，进行泵送试验。

10 维修保养人舱结构、密封及附件；检查自动保压系统功能，并进行试验；修复后的人舱应进行气密性试验。

11 应疏通主轴承润滑、集中润滑、盾尾油脂系统管路，检修泵、分配器、检测装置，更换滤芯，并做运行试验。

12 盾尾密封系统应更换盾尾密封刷，并对压注管路进行保养。

13 盾构机物料运输系统维修保养应满足下列规定：

1）应对管片输送系统的传动零部件、行走机构及电动葫芦进行维修保养，并检查轨道梁，如存在缺陷应进行修复。

2）应对皮带运输系统进行维修保养，校正机架，修复磨损零件。

14 应疏通同步注浆系统管路，检修保养注浆泵、动力站、电控系统、浆箱及搅拌装置，并做运行试验。

15 泡沫、加泥注水、聚合物等系统维修保养应符合下列规定：

1）维修保养泵送装置、阀件、过滤装置及泡沫发生器。

2）清洗水箱，疏通管路、注出口。

3）检查维修加泥注水搅拌装置。

16 给排水、冷却循环系统维修保养应符合下列规定：

1）维修保养泵送装置、阀件；疏通管路，清洗水箱，检查液位装置，更换滤芯。

2）检查维修换热器，并进行试压。

3）检查修复温度、流量、压力检测装置。

17 应检查修复后配套拖车的拖车结构、车轮、润滑装置和拖车牵引装置。

18 电气系统维修保养应符合下列规定：

1）检查电动机外观，测量绕组绝缘与直流电阻；检查电动机运转电流与振动；存在异常的电动机应解体维修或更换。

2）检查漏电保护装置功能、接触器触点。

3）检查电缆外观、绝缘电阻，检查修复电缆连接器、电缆卷筒及配套电缆。

4）检查备份控制程序及软件，更换 PLC 电池。

5）紧固接线端子，补齐线缆标识。

6）清洁并整形电气箱柜，检查散热装置。

7）维修保养高压系统，并做高压电试。

8）检查修复电气元器件、照明及应急照明灯具。

9）检查维修土压传感器、有害气体监测仪，并送检标定。

10）清洁保养变频器并确认参数。

19 液压系统维修保养应符合下列规定：

1）对液压管路及油箱进行清洗，检测更换液压油；更换管路密封、滤芯和空气滤清器。

2）检查保养液压泵、液压马达、液压油缸、液压阀件、液压辅件，如有异常应维修更换。

20 维修更换轴承、传动轴、键销、紧固件、联轴器、齿轮、链轮、蜗轮、蜗杆等通用零部件。维修保养导向系统、数据采集、远程通信及视频监视等；备份数据及软件；标定测绘仪器。

21 安全防护装置维修保养应符合下列规定：

1）检查保养紧急停止、声光警示、电气限位及漏电保护等电气保护装置，如存在缺陷应进行修复。

2）检查维修机械限位、防撞防碰装置。

22 应对盾构壳体及拖车进行清洁、打磨、涂装，并对管路进行标识。

17.3 盾构机使用中日常维修保养

17.3.3 日常维修保养记录应包括时间、维保人员姓名、维保部位运行情况、原因分析、维保内容、维保后的设备运行情况等。施工单位应定期对盾构维修保养记录进行总结，形成周期分析报告，及时调整盾构设备的施工参数、合理更新相关设备，确保盾构施工效率和施工质量。周期分析报告应包括：情况统计、原因分析、改进建议等。

17.4 盾构机备品备件

17.4.1 盾构机备品备件的管理可依据盾构设备制造厂家提供的备品备件建议清单和备品备件的预计消耗数量进行合理储备。

17.5 盾构机应急保障

17.5.2 应急保障记录应包括时间、人员姓名、故障部位运行情况或故障描述、原因分析、处置内容、处置后的设备运行情况等。应急保障小组人员应定期对盾构机应急抢修记录进行总结，形成周期分析报告，报告应包括：情况统计、原因分析、改进建议等。

18 成型隧道验收

18.1 主控项目

18.1.1 当发现隧道防水效果达不到设计要求，应采取注浆、堵漏等可行的技术措施予以处理。处理方案应经业主和设计单位认可。

18.1.2 当发现有本条所指的质量问题，应采取合理的技术措施进行裂损修补或加强处理。